Dieses Buch wurde klimaneutral produziert.

Klimaneutral
Druckprodukt
ClimatePartner.com/14438-2110-1001

4. Auflage 2022

Erste Auflage 2017
insel taschenbuch 4598
Originalausgabe

Vertrieb durch den Suhrkamp Taschenbuch Verlag
Umschlag: Anke Rosenlöcher, Berlin
Umschlagabbildung: Isabel Pin, Berlin
Satz: Satz-Offizin Hümmer GmbH, Waldbüttelbrunn
Druck: CPI books GmbH, Leck
Printed in Germany
ISBN 978-3-458-36298-2

# SAVOIR-VIVRE

## LEBEN WIE EINE FRANZÖSIN

*Für Amandine und Joël*

# A

## ACADÉMIE FRANÇAISE

Wir Franzosen lieben unsere Sprache und unser Land, unsere Kultur und unsere Literatur so sehr, dass wir ihnen seit Jahrhunderten eine eigene Institution widmen, die Kriegen und Revolutionen getrotzt hat und immer noch besteht. So etwas wie die *Académie française* gibt es in keinem anderen Land der Welt. Frankreich leistet sich diese Akademie mitten im Herzen von Paris seit über 300 Jahren. Diese würdevolle Institution dient der Wahrung, man könnte sogar sagen der Verteidigung der französischen Sprache. Generationen großer Geister arbeiten an einem Wörterbuch, einer Grammatik und ähnlichen Werken. Ihre vierzig auf Lebenszeit gewählten Mitglieder, meist hochbetagte Geisteswissenschaftler, Literaten, Philosophen, manche Nobelpreisträger, treffen in ihren wöchentlichen nichtöffentlichen Sitzungen Entscheidungen zur Erhaltung der Reinheit der französischen Sprache oder fällen Urteile über geläufige Redensarten. Als Zeichen ihrer Zugehörigkeit tragen sie mit grünen und goldenen Fäden bestickte Roben, Mäntel, Säbel und Medaillen. Die Robe ist eigentlich blau-schwarz und trägt den Namen *habit vert* nur wegen der aufwendigen Stickereien. Entworfen werden die Roben übrigens von Dior, Lanvin oder Cardin.

Manche der in der Akademie geführten Reden und Diskussionen zur Sprache dringen an die Öffentlichkeit, doch die *Académie française* erscheint eher wie eine uneinnehmbare Festung, zu der Fremde keinen Zutritt haben. Ihre Mitglieder werden als *immortels* bezeichnet, »Unsterbliche«. Einmal gewählt, bleiben sie Mitglieder bis zu ihrem Lebensende. Oder wirkt die *Académie* so abweisend wegen der komplizierten, undurchschaubaren Regeln, der Riten, wie der des nummerierten Stuhls, der jedem Mitglied zugeteilt wird und noch eine Weile leer bleibt, nachdem das Mitglied gestorben ist?

*Meine* Geschichte mit der *Académie française* beginnt mit einem Fisch. So »unsterblich« gab sich das Mitglied auf dem Stuhl Nr. 22, der Autor Julien Green, nämlich nicht. Green lud mich zu sich zum Essen ein. Seine Einladung verdankte ich einer bis dahin unbekannten Novelle, *Dionysos*. Diese hatte in den Tiefen von Greens Schublade gelegen, und ich hatte es geschafft, dass der kleine literarische Verlag, in dem ich damals arbeitete, sie veröffentlichen durfte. So schlecht schien ich meine Lektoratsaufgaben also trotz Unerfahrenheit nicht erledigt zu haben, denn als Dank flatterte ebendiese Einladung ins Haus. Pünktlich zur Mittagszeit betätigte ich an der Tür des noblen Pariser Hauses die goldene Klingel, und Green empfing mich mit offenen Armen. Sofort vergaß ich im Gespräch, wo ich eigentlich war, blendete das beeindruckende, mit schweren, roten Samtvorhängen und luxuriösen Brokattapeten ausgestattete Interieur aus, obwohl ich sehr neugierig war auf die Wohnung eines der Mitglieder der *Academie Française,* dieser alten, verstaubten Dame unter den französischen Institutionen.

Die Bitte, doch gleich nach dem gemeinsamen Aperitif in die Küche zu kommen und dort mit anzupacken, fasste ich als Vertrauensbeweis auf. Oder war es eher der Versuch, mich von den dunklen Vitrinen voller wertvoller und seltener Erstausgaben fortzulocken, die meine Aufmerksamkeit fesselten? Die nach Geburtsdatum der Autoren sortierte Bibliothek beeindruckt mich noch heute. Welcher Kontrast zur Küche und dem alten Tisch, auf dem ein sicher 80 Zentimeter langer Fisch lag, der noch gewürzt werden musste. Diese Aufgabe fiel mir zu, was unserer Unterhaltung über die 1635 von Richelieu offiziell gegründete *Académie* das gewisse Etwas verlieh. Inmitten von Knoblauch und Zitronen sprachen wir über die Aufgaben der *Académie* zur Überwachung der Reinheit der Sprache, über die donnerstäglichen Sitzungen im Palais Mazarin, die akademischen Diskurse der hochgelehrten *hommes* und seit den 80er Jahren auch *femmes de lettres, de culture, de politique* oder *des sciences*. Während wir Rosmarin und grobes Meersalz in den glitschigen Bauch des Fisches füllten, wies Green mich auf die goldenen und grünen Olivenzweige auf den Roben hin, die gemeinsam mit dem *Académie*-Schwert den Unsterblichen die nötige Autorität verleihen. Das Schwert haben wir nicht benutzt, um den frisch aus dem Ofen servierten Fisch zu filetieren, obwohl es gut gepasst hätte. Es duftete nach Kräutern und Gewürzen, die wir, versunken in unsere Unterhaltung, benutzt hatten. Es schmeckte wunderbar. Das war Gastfreundschaft *par excellence* von einem Mitglied der *Académie française*, das bei seiner Antrittsrede im Jahr 1972 »*Quelle belle langue! Messieurs* – damals gab es keine Frauen – *c'est à nous de la défendre!*«, gerufen hatte. Ich weiß nicht, ob dies dem Autor im Kreise seiner Kollegen so gut gelungen ist, denn manche Rechtschreibreform, Einführung weiblicher Berufsbezeichnungen oder Anglizismen haben sie letztlich nicht verhindern können. Doch schön sind die Ehrwürdigen anzusehen und anzuhören, wenn sie auftreten, Redensarten und Wörter offiziell annehmen oder ablehnen, Sprachticks oder Lächerlichkeiten im zeitgenössischen Französisch beobachten und beurteilen. Wenn ich im Viertel an der *Rive gauche* spazieren gehe, unweit des Pont Neuf am Quai Conti, dann denke ich gern an den *fauteuil* Nr. 22 und den schmackhaften Ofenfisch zurück – und es kommt mir vor, als wären sie beide aus einem Roman.

## LES ACCENTS

*Akzente und andere Eigentümlichkeiten des französischen Alphabets*

Es ist doch verrückt, wie so ein kleines Zeichen alles verändern kann. Ein *accent grave* oder *accent aigu*, gar ein *accent circonflexe* – und schon hört sich ein »e« oder ein »a« ganz anders an. Ein *ç* –, das kleine winzige »z« unter dem »c«, die Cedille, und schon spricht sich das Wort anders aus. Sehr selten – wie in den Wörtern *Noël* oder *haïr* – benutzt man das Trema, zwei lustige Punkte über dem »e« oder »i«. Weglassen kann man die *accents* nicht, obwohl sie manchmal, wie beim *accent circonflexe*, keine wirkliche Bedeutung haben und ein Relikt aus alten Zeiten sind. Doch die *Académie française* meint: Unbedingt behalten. Na, so mächtig sind sie dann doch nicht, die *accents*, denn ohne Buchstaben sind sie nichts!

Wenn es nur das wäre – doch Französischlernende quälen sich auch noch mit den Apostrophen, die wir Franzosen lieben. Damit kann man wunderbar Buchstaben weglassen. *L'horloge* statt *la horloge*, praktisch. Liebend gerne verwenden wir den Bindestrich – dabei geht es doch sehr gut auch ohne, wie das Deutsche zeigt. Und dann gibt es noch zwei, die sich so nah sind, dass sie aneinanderkleben: das »o« und das »e«, in der Kombination beider Vokale entsteht »œ«.

*Accent aigu*: von links unten nach rechts oben
*Accent grave*: von rechts unten nach links oben
*Accent circonflexe*: sieht aus wie ein kleines Dach

## ACCORDÉON

*Akkordeon*

Da stand sie, alt und steinern, mit Geranien an den Fenstern, die alte Dorfkirche. Wir hatten zur Vorbereitung der Hochzeit meines Bruders die knarrenden Holzbänke mit Bienenwachs behandelt, die Terrakotta-Steinplatten weiträumig gefegt, den Altar mit weißen Feldblumen geschmückt und auf Anraten des Pfarrers aufgepasst, dass das Jesuskreuz uns dabei nicht auf den Kopf fiel – es war nämlich wackelig. O Gott, dachten wir, das fängt ja gut an, wenn schon der Jesus wackelt ...

An der Kirchentür stand ein Freund mit seinem Akkordeon und einem Béret auf dem Kopf und empfing uns mit seiner unwiderstehlichen französischen Chanson-Musik. Wir hatten ihn bestellt, den Auszug aus der Kirche musikalisch

zu untermalen. Er begleitete uns auf seinem *piano à bretelles* (Klavier mit Hosenträgern, wie es im Volksmund heißt) und spielte weiter den ganzen Weg hinauf zu unserem Landhaus, das in einer exponierten Lage oberhalb des Dorfes mitten im Feld steht und daher den Namen *Le Piquet* (der Pfahl) trägt. Um es vorweg zu nehmen: Der Jesus fiel uns nicht auf den Kopf, die Ehe hielt aber nicht. Es wurde dennoch ein unvergessliches, sommerliches Fest, eine fröhliche Hochzeits-Landpartie, und die Musik klang lange in unseren Ohren nach. Er wählte Evergreens von französischen Chansonniers wie Léo Ferré oder Jacques Brel und erzeugte mit seinem Instrument ein kräftiges Tremolo, so dass ganz schnell auf dem eigens angefertigten Tanzparkett im Hof die ersten Gäste seinem Spiel tanzend folgten. Sein Béret war nicht nur typisch und passte zu seinem Instrument, es hatte auch eine praktische Funktion, denn es war Juli und sehr heiß.

Dann kam der Champagner! Ein Freund von uns hatte bei Champagnerproduzenten in der Champagne seine Ausbildung gemacht. Mit Engelsgeduld und Präzision baute er eine Pyramide aus Champagnergläsern. Dann zückte er einen Säbel mit blitzender Klinge und vollzog eine Zeremonie an den Champagnerflaschen, wie es die Offiziere seit Napoleon nach gewonnenem Gefecht zu tun pflegten. Mit einer ruckartigen Bewegung sabrierte er die Flaschen, so dass deren Hals abgetrennt wurde, und goss den Champagner in das obere Glas, bis er überlief und dann in die darunter stehenden Gläser floss. Das beeindruckende Schauspiel der sich sehr langsam füllenden Gläserpyramide ließ uns den Atem anhalten. Würde alles in sich zusammenfallen oder hielt das Champagnerkunstwerk? Dann ein Knall! Ein Champagnerkorken flog direkt in die Akkordeontasten, und der fremde ungeplante Ton vermischte sich mit der Musette, die unser Freund einspielte, eine Mischung aus italienischer Volksmusik und Melodien aus der Auvergne des 19. Jahrhunderts, wie er mir verriet. Es wurde viel getrunken und lange an weißgedeckten Tafeln gegessen.

Zu später Stunde, als die meisten Gäste schon gegangen waren, unterhielt ich mich noch eine Weile mit unserem Freund. Wir saßen draußen auf großen Holzblöcken um das Feuer. Er erzählte mir, dass er sein Instrument als junger Mann von seinem Onkel geerbt habe. Es stammte aus Brive, einer neben Lyon bekannten Stadt für den seltenen Bau von Akkordeons. Nun spielte er es immer auf Festen oder auf Landpartien, wie bei Pferderennen im nahe gelegenen Schlosswald, und erfreute die Menschen mit seiner Musik. *Branle-poumons,* »wackelige Lunge«, nannte es der Schriftsteller Chateaubriand in seinem Werk *Mémoires d'outre-tombe*. Er selbst bevorzugte aber den Begriff *boite à chagrins,* »Kummerkasten« oder *piano du pauvre,* »Klavier der Armen«. Die Melancholie war an diesem besonderen Abend spürbar.

## AFFINEUR DE FROMAGE

*Käseaffineur*

Ein kleiner, eher unscheinbarer Mann steht inmitten seiner Käse im Untergeschoss seines Ladens unweit der Champs-Élysées. Der Käsekeller entspricht nicht meinen Vorstellungen – ich hatte an ein Backsteingewölbe, an diffuses Licht und krachende Holzregale gedacht, an eine *cave d'Ali Baba* voller Überraschungen. Ich stoße aber auf grelles Licht, reine Metall- oder Marmorflächen. Die Käse sind nach unterschiedlichen Stufen der Reifung sortiert, Luftfeuchtigkeit und Temperatur – unter 12 Grad – werden streng geregelt. Der *affineur* zeigt mir die Käselaiber, es sind seine Schätze, behütet auf Stroh oder Holz. Er strahlt, als er mir erklärt, dass die Käselaiber seinen Keller nicht verlassen dürfen, bevor sie ein gewisses Alter erreicht haben. Er wacht über sie als wären es seine Kinder, streichelt und wendet sie, wäscht und bürstet sie alle sieben bis zehn Tage. Er besucht sie täglich, beobachtet die zunehmende Qualität und überwacht die Lagerung. Die Aufmerksamkeit scheint übertrieben, doch sie gewährleistet die ungeheure Reichhaltigkeit der Käse, ihre Textur, ihren Geschmack, ihre Kruste, ihr Aroma. Wie lange er sie in seiner Kaverne behält, hängt vom gewünschten Ergebnis ab – manche Kunden geben bei der Bestellung gleich ihre Wünsche an den *affineur* ab. Es ist sein ganzer Stolz, genau den vom Kunden gewünschten Grad an Reifung zu erreichen. Je länger und besser er den Kunden kennt, umso besser scheint das Ergebnis zu werden. Deshalb ist er auch täglich im kleinen Käseladen oberhalb des Kellers. Bei ihm stehen die Menschen geduldig Schlange und freuen sich über seine Empfehlungen, über *les arrivages,* also die frisch eingetroffene Ware, und über das Zuschneiden der Käse, die zuvor wochenlang von ihm gehegt und gepflegt wurden. Ein sicherer Zuschnitt, das Einpacken in weißes Papier, das Falten der Papierseiten und das Zubinden mit Bastschnur – alles routinierte Hand-

griffe, um den Käse transportfähig zu machen. Ein paar Empfehlungen, was die Lagerung und die Temperatur bis zum Genießen anbelangt – damit verlässt man den Käsehimmel und geht nach Hause. Im Einkaufskorb dabei ist ein kleines Stück aus der Auvergne, aus dem Elsass oder aus Korsika. Man merkt, was der *affineur* meint, wenn er von den Reisen durch den Käse-Gaumen spricht. Er reist seinen Lieferanten nach, kehrt in die Bauernhöfe im bergigen hohen Jura wie in der flachen Normandie ein. Er kennt seine Käsemacher persönlich und genießt seine Käseliebhaberei bei diesen Besuchen in vollen Zügen. Kulinarisches Reisen auf den Spuren der besten Käsemacher unter den Besten.

Er weiß: Die Qualität der Käse kann sehr unterschiedlich sein. Der *fromage industriel*, wie man ihn im Supermarkt findet, hat nichts mit dem *fromage artisanal* zu tun. Da *savoir-vivre* in Frankreich sehr viel mit Käse zu tun hat und sich eigentlich alles oder zumindest viel ums Essen dreht, gehört es sich, ein bisschen Ahnung zu haben, um mitreden und vor allem mitessen zu können. Für den Käseeinkauf geht man also in den Käseladen. Einen *fromage artisanal* eines *affineur* zu erwerben bringt unweigerlich mit sich, dass beim späteren Genuss mit Freunden eine Unterhaltung über Käse entsteht. Ein guter Wein, frisches Baguette oder *pain de campagne* ergänzen das Ensemble. Das ist Genuss pur.

## ALLEZ LES BLEUS!

*Allez les bleus!* – die Blauen, wegen der blauen Trikots der französischen Fußballnationalmannschaft. Mein Freund Bruno benutzt diesen Ausruf nicht nur für die französische Fußballnationalmannschaft, sondern auch für andere Sportereignisse. *Allez les bleus* ist die Aufforderung, die letzte Energie, das letzte bisschen Kraft aus sich herauszuholen, um den möglichen Sieg Realität werden zu lassen. »*Allez les bleus, allez les bleus*!«, rief Bruno, als Frankreich 1998 Fußballweltmeister wurde und in den letzten französischen Provinzstädtchen die Straßen leer und dafür die mit Fernsehern ausgestatteten Cafés brechend voll waren. *Allez les bleus* war ihm aber auch recht, als unser Paris Saint-Germain gegen Marseille spielte, bei der Tour de France oder beim in Frankreich sehr beliebten Rugbyspiel. Unpassend erschien es nie, egal, ob tatsächlich *les bleus* im Spiel waren oder nicht – Hauptsache, wir waren dabei und hatten Spaß. Vergessen die schlimmste Niederlage 1908 gegen Dänemark 17:1, die für Fußballfans schwer zu verkraften gewesen sein muss. Zur Verstärkung holten sich meine Landsleute zwei Jahre später den gallischen Hahn, *le coq gaulois,* auf ihr blaues Trikot. Mit dem Hahn auf der Brust als zwölftem Mann auf dem Feld wurde der Sieg wahrscheinlicher. *Heureusement!*

Gestritten wurde im Café übrigens ernsthaft über die Schreibweise. Da behauptete doch tatsächlich ein Tischnachbar, *Allez les bleus* würde man im Infinitiv, also *Aller les bleus* schreiben. Aber Bruno ließ das nicht gelten. Er meinte: »Der Sieg ist Imperativ, Monsieur. Im Imperativ gehört es sich, *les bleus* zu unterstützen, und nicht anders. Der Infinitiv ist passiv, unbeweglich, ohne Leben, tatenlos. Der Imperativ hingegen ist lebendig, fordert auf, schreit nach Tat, suggeriert Bewegung. Haben Sie das verstanden, Monsieur?« Der Tischnachbar, verschüchtert von so viel sportlichem Selbstbewusstsein, gab nickend nach, und beide lachten. Bruno widmete sich wieder seinem Spiel, und die Welt war in Ordnung. Zumindest 1998.

## AMOUR

*Liebe*

Meine erste große Liebe hieß Frédéric Legrand. Er war groß und sechs Jahre älter als ich. Ich liebte seine wilden braunen Haare, seine Lederjacke und die Zigarette im Mundwinkel. Er ging ins Lycée Saint-Louis am Boulevard Saint-Michel. Unsere Treffpunkte waren die Hinterbänke der angrenzenden Cafés in Saint-Germain-des-Prés, in denen wir uns lediglich einen Espresso mit einem Glas Wasser leisten konnten, die grünen Stühle im Jardin du Luxembourg, auf denen wir mit den Gänseblümchen des Parks *Je t'aime, un peu, beaucoup, à la folie* spielten, sein Studentenzimmer oder die Ufer der Seine bei schönem Wetter. Wir Jungverliebten probierten die schönsten Liebeswörter des Französischen, der Sprache der Liebe, füreinander aus: *mon amour, mon chéri, mon cœur, mon désir, ma beauté, ma vie et mon soleil* … Damals konnte ich ein kultiges Vélosolex, ein Moped mit dem typischen Reibrollenantrieb auf dem Vorderrad, mein Eigen nennen, und so fuhr ich, Haare im Wind, die Straßen, die unsere Wohnungen trennten, entlang. Ich war jung, ich war verliebt, und Paris war mein Zuhause. *L'amour* nährte uns – wir hatten uns, und das reichte. Es war wie bei Jacques Brel, der in *Quand on a que l' amour* die Liebe besingt. Er singt, dass das Einzige, das man sich zu schenken hat, das Einzige, das man hat, um seine Treueschwüre zu leben, der einzige Reichtum, die einzige Möglichkeit, zu glauben, die einzige Möglichkeit, Sonne über der Hässlichkeit der Stadt scheinen zu lassen, die Liebe ist. Kaum ein anderes Lied haben Chansonsänger und -sängerinnen nach ihm häufiger gesungen, doch Jacques Brel ist und bleibt unnachahmlich.

*L'amour* ist das französische Lebensgefühl par excellence. *L'amour,* das können Franzosen und Französinnen wie kaum andere Menschen auf der Welt, meint Mireille Mathieu, die die Liebe 1966 in *L'Hymne à l'amour* besang: *L'amour rime avec toujours.*

Wir Franzosen haben unterschiedliche Ausdrücke für das Wort »Liebe«. *Amour* zu empfinden, *ressentir de l'amour,* ist mehr als *aimer.* Es ist tiefgründiger, wesentlich enger gefasst. *Aimer* bedeutet so viel wie »mögen«. *Aimer* kann man *pains au chocolat* oder den Klang der Atlantikwellen auf den grauen Felsen der Bretagne. *Ressentir de l'amour* dagegen, das geht nur unter Menschen. Dieses Gefühl in seiner rohen, rauen Ausprägung hatte die Piaf im Stadtviertel Pigalle kennengelernt. Die Pariser *Hymne à l'amour* hat in meiner Kindheit einen prägenden Eindruck auf mich gemacht, da die Schallplatte bei uns in Dauerschleife lief und meine Großmutter mitsang. Wie gerne hörte ich ihr zu und stellte mir Piafs *l'a-*

*mour* vor. *L'amour*, wie ich sie kannte, hatte nichts zu tun mit der der Piaf im Pigalle, und dennoch berührten mich ihre Worte und klangen lange nach.

## L'APÉRITIF, L'APÉRO

*Aperitif*

> *»L' apéritif, c'est la prière du soir des français.«* –
> »Der Aperitif ist das Abendgebet der Franzosen.«
> Paul Morand,
> französischer Schriftsteller (1888-1976)

*L'apéro*, das ist das Pendant zum deutschen Kaffeetrinken. Man lädt Gäste zu sich nach Hause zum *apéro* ein, wenn man sie nicht zum Essen einladen will, oder der Platz oder das passende Essensgeschirr fehlen. Das ist unverbindlicher, dennoch gastfreundlich. Und man ist sich sicher, dass die Besucher zu einer bestimmten Zeit wieder gehen – oder fast sicher.

Manchmal kann es auch anders kommen. Diese Erfahrung machte ich, als mein Studienfreund Jean mich einmal mit Freunden in seine frisch bezogene Pariser Studentenwohnung zum *apéro* einlud. Hinter der imposanten Sorbonne in der kleinen, ruhigen rue Marie Curie lag seine *chambre de bonne*. Er gab sein *apéro*-Bestes – und die Stimmung war so gut, dass seine *apéro*-Gäste morgens um zwei noch da waren, die letzten trockenen Cracker knabberten und den letzten dünnen Pastis schlürften.

Aus dem *apéro* ist ein Kult geworden. Man trinkt Pastis,

Whisky, Cognac mit Eis, serviert Oliven und Nüsse, in Südfrankreich Tapenade, Anchovispaste auf zu Croûtons verarbeiteten dünnen Baguettescheiben. Dafür gibt es spezielle Schälchen in allen möglichen Farben und Materialien, Tabletts, Krüge für das Wasser und das Eis, kleine Tische, auf denen alles bereitgestellt wird.

Lädt man Sie zum *apéro* ein, ist es gut zu wissen, zu welcher Art. Denn: Es gibt *l'apéro léger* und *l'apéro dinatoire,* oder auch *l'apéro dinatoire de fête* und *l'apéro gourmand.* Es gibt *verrines* – kleine Glasschälchen mit den verschiedensten Leckereien –, *amuses bouches* – kleine Fingerfood-Häppchen –, Dips, Cocktails, Cakes, Canapés, sogenannte Tartines – fertig geschmierte Brote und Cracker – oder auch gerollte Crêpes und allerlei Spieße. Trotz dieses netten Angebots ist *l'apéro* für Franzosen kein richtiges Essen. Es fehlt die richtige Reihenfolge der Speisen, die aus Vorspeise, Suppe, Hauptspeise, Käse, Salat und Nachspeise besteht. Daher trifft man sich oft

zum *apéro* im Café, nach den Markteinkäufen und vor dem Mittagessen zu Hause. Oder nach getaner Arbeit und vor dem Abendessen in einem Restaurant. Oder auch einfach so. *C'est ça, la vie!*

## ARGOT

*Umgangssprache, Vulgärsprache*

Der Argot ist heute nicht mehr das, was er einmal war. Das hat mit dem Wesen des *argot* zu tun, der ständig im Wandel ist. Eine kurze Umfrage in meinem Freundeskreis ergibt: Hat man früher zu einem *policier* »*poulet*« gesagt, sagt man heute *bleu, pouleman, bœuf, coyotte, dek, chtar, roussin, schmidt, archer, bignolon, bourdille, matuche, ripou, pandore*. Argot-Ausdrücke finden Sie in allen Gesellschaftsschichten, da über die Zeit vulgäre Worte Einzug in die Standardsprache gefunden haben. Spannend wird es, wenn mehrere *argot*-Wörter für einen ähnlichen Ausdruck hintereinander verwendet werden. Es kann passieren, dass beim Fluchen lauter Schimpfwörter aneinandergereiht werden.

In einem Taxi sitzend, ist mir einmal ein besonders kreativer Taxifahrer aufgefallen, als er mich auf dem schnellsten Weg von Gare de Lyon zu einem Verlag *rive gauche* fahren sollte. Verärgert über die neueste Entscheidung, die Seine-Ufer vom Verkehr zu befreien und daraus Fußgängerbereiche zu machen, fluchte er bei jeder Situation entweder *bordel de merde, espèce de putain, saloperie* oder *ah, quelle connerie!* vor sich hin. Mir wurde beim Zuhören beinahe schwindlig, bis ich anfing, seinen Wiederholungen aufmerksam zu lauschen. Aus knapp 2000 *argot*-Flüchen hatte er sich auf gut acht Wörter konzentriert, die aus seiner Sicht wohl am besten sein Leiden ausdrücken konnten. Ich musste schmunzeln und rief ihm zu: *Allez, balaise dans ta bagnole, t'es bien mieux au chaud en bagnole que sur une bécane à deux roues!* – Entspann' dich, bist doch besser in deiner Kiste aufgehoben als auf einer zweirädrigen Karre!

Es ist lustig, manchmal klingt ein *argot*-Wort in verschiedenen Regionen ganz unterschiedlich. Manchmal ist es eine Endung, die hinzugefügt wird, manchmal werden Silben wiederholt, manchmal ersetzt man Buchstaben durch andere, manchmal werden Silben verdreht. Heute verwirrt ältere Menschen der texto-Sprachstil, der durch die neuen Kommunikationsmittel entstanden ist. Witzig finde ich die phonetische Schreibweise oder auch das Hinzufügen von arabischen Ziffern wie z. B. *A2m1* für *à demain!* In diesem Sinne: *me6 e abi1-to!*

*Autrefois, quand j'étais marmot,*
*J'avais la phobie des gros mots,*
*Et si j'pensais »merde« tout bas,*
*Je ne le disais pas...*
*Mais*
*Aujourd'hui que mon gagne-pain*
*C'est d'parler comme un turlupain,*
*Je n'pense plus »merde«, pardi!*
*Mais je le dis.*

Früher als ich Kind war
Hatte ich Angst vor Schimpfwörtern
Und wenn ich ganz leise »Scheiße« dachte
So sagte ich es nicht…
Doch
Da es heute meine Arbeit ist
Zu sprechen wie ein Scharlatan
So denke ich nicht mehr »Scheiße«
Sondern sage es.

Georges Brassens, *Le pornographe*, 1958

## ASTERIX ET OBELIX

*Asterix und Obelix*

*Attention,* nun bewege ich mich auf heiligem französischen Terrain: BD – *bande dessinée*. Wie es sich für eine französische Familie gehörte, lasen bei uns alle – Großmutter, Vater, Mutter und Kinder – dieselben Abenteuer, *Asterix und Obelix*. Ein Heft nach dem anderen wanderte von Hand zu Hand und lieferte uns einen reichhaltigen Schatz an Zitaten, den vor allem mein Vater bei jeder Gelegenheit anbrachte. *Attaquez Dollon dans la Sarthe!* war einer der beliebtesten Sprüche, denn er signalisierte Aufbruch, Willen und Energie. Zudem liegt der Ort Dollon keine fünf Kilometer von unserem Landhaus entfernt!

Was uns an allen fünf Hauptdarstellern gefiel, war die feine Ironie, mit der sie gezeichnet sind: der schnauzbärtige

Asterix, der schlaue Zwerg, der alle Eigenschaften eines echten Helden aufweist; der Bonvivant Obelix, sein dicker, liebenswert-naiver Freund, dessen Lust auf Wildschwein die Karikatur einer anderen französischen Kultfigur ist – Gargantua. Die beiden Helden erinnern an Stan Laurel und Oliver Hardy, die sich ständig streiten und doch unzertrennlich sind. Dann gibt es noch Miraculix, den ewigen und manchmal nicht ganz so ernstzunehmenden Quell der Weisheit. Er trägt die französischen Farben Blau, Weiß, Rot. Auch wenn die meisten Bewohner des kleinen Dorfes in Aremorica Müßiggang bevorzugen und eigentlich nur Automatix und Verleihnix arbeiten, weigern sie sich, Untertanen zu sein, und kämpfen stolz gegen alle Mächte an. Welch eine Parodie auf den Widerstand der Gallier gegen die Eroberung ihres Landes durch die Römer (Cäsar, ca. 50 v. Chr.), und das als Comic! Da war der Erfolg vorprogrammiert. Alle waren sie Anti-Helden, klein, dick, hässlich, nervend, weinerlich, ohne Autorität, streitsüchtig. Die Geschichten waren auch ein Plädoyer für Toleranz, Freundschaft und Akzeptanz des Fremden. Am deutlichsten wurde das beim großen gemeinsamen Festmahl am Schluss – nichts anderes wäre in Frankreich denkbar als Versöhnungssituation – mit Wildschweinen am Spieß.

Im Dorf von Asterix und Obelix brachen immer wieder klassische Konflikte auf. Meine Großmutter liebte besonders die vieldiskutierte Frage nach der Frische der Fische, die Verleihnix von einem bedeutenden Fischhändler aus Massilia (Marseille) anliefern lässt. Jede Form der Kritik an diesen endet in einer Rauferei, wobei selbst die Frauen sich davon anstecken lassen. Die Retourkutsche liefert Verleihnix selbst, der die Fische, die Asterix frisch aus dem Meer holt, mit den Worten beschreibt: »Es fehlt ihnen der typische Geruch.« Mein Vater war eher Obelix – vom Wesen und von der Statur her. Obelix, der als Kind in einen Kessel voller Zaubertrank gefallen ist und somit, trotz seiner vielen Versuche, vom Dorfdruiden Miraculix keinen Trank mehr bekommt. Meine Mutter solidarisierte sich mit Troubardix, dem Dorfbarden, der, solange er nicht sang, ein angenehmer Zeitgenosse war. Ihr Mitgefühl galt ihm, wenn er begeistert sang und meist schon nach kurzer Zeit ein Vertreter des Dorfes kam – häufig der Schmied Automatix –, um dem grässlichen Gesang ein Ende zu bereiten.

Urfranzösische Figuren – dabei stammt der Name Asterix gar nicht aus dem Französischen, sondern kommt von dem Begriff Asterisk, *asteriskos*, das ist griechisch für »Sternchen«.

# B

## BAGUETTE

Um zwei Uhr steht er jeden Morgen auf, setzt in der Dunkelheit seinen Teig an, knetet ihn und lässt ihn wieder ruhen und fermentieren. Später nimmt er ihn erneut zur Hand. Die Öfen laufen heiß. Der kleine Bäcker aus dem Ort Semur-en-Vallon im Loire-Département Sarthe, in dem unser Landhaus steht, wird erst um acht Uhr seinen Laden aufschließen. Und doch können die ersten Kunden schon vorher an der weißen, zweiflügeligen Tür zur Backstube die ersten warmen Baguettelaiber erwerben, eingewickelt in dünnes weißes Papier. Ich stehe an dieser Tür, atme den wunderbaren süßen Duft ein und wünsche mir, ich könnte mit dieser kleinen Bäckereistube verschmelzen.

Der Bäcker aus Semur-en-Vallon ist weit entfernt vom Hauptstadtrummel, und dennoch unterziehen seine Kunden die allmorgendliche Baguette der gleichen Prüfung wie die strenge Jury in Paris. Da wird anhand der Struktur der Kruste begutachtet, ob der Backvorgang lang genug war, es wird daran geklopft, um dem Klang zu entnehmen, wie kompakt es gebacken wurde, es wird, kaum hat man die Bäckerei verlassen, ein kleines Eck abgebrochen, die Nase in den noch dampfenden, warmen Teig gesteckt, um den unwiderstehlichen Geruch der frischen urfranzösischen Backware einzusaugen, und es wird am Tisch aufgeschnitten oder vielmehr gebrochen, um die Größe der Poren und der sich unregelmäßig durch das Kunstwerk ziehenden Luftblasen zu überprüfen, deren Qualität erst das zustimmende *Hmmmh!* hervorbringt, das sich jeder Bäckermeister wünscht. »*La baguette chante*«, würde mein kleiner Bäcker aus Semur-en-Vallon sagen, das Brot singt.

In Paris kürt die Jury das beste Baguette der Stadt und zeichnet mit dem *Prix de la meilleure baguette de Paris* den Sieger aus, der daraufhin ein Jahr lang den *Elysée*-Palast beliefern darf – so, als sei das *Elysée* ein Relikt aus alten royalen Zeiten. Der als bester Bäcker von Paris gefeierte Baguette-Star hat es leicht, den Umsatz auf lange Zeit zu vergrößern und sich in Touristenführern wiederzufinden. Das Siegerlabel wird noch Jahre seine *Boulangerie*-Tür zieren, auch wenn seine besten Zeiten schon lange hinter ihm liegen. Doch wen kümmert's? Hier geht es zwar nur um 250 Gramm und knapp 65 Zentimeter, doch das sind die wichtigsten 250 Gramm und 65 Zentimeter Frankreichs. 250 Gramm als Symbol einer ganzen Nation, und 65 Zentimeter für sein *savoir-vivre*.

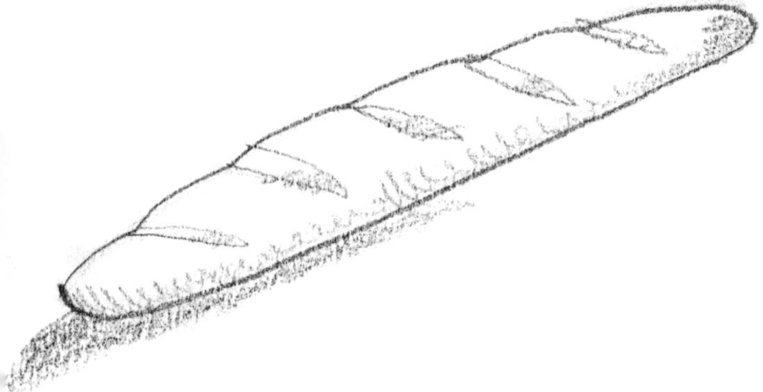

Für diese 250 Gramm gibt es seit den frühen 90er Jahren sogar ein Gesetz, *le décret pain*. Und auf 65 Zentimetern in der *baguette de tradition française* sind ausschließlich Weizenmehl, Wasser, Hefe und Salz enthalten.

Auf dieses Brot sind wir Franzosen stolz. Wir tragen unser Baguette nicht wie manche Ausländer als Zierde und Trophäe, sondern eher gekonnt lässig unterm Arm durch die Stadt, als ganz alltägliches Requisit. Diese Geste mit der *baguette magique*, dem Zauberstab, wurde tausendfach gezeichnet und überzeichnet, man denke nur an Joe Berlin in Woody Allens Paris-Elegie *Alle sagen: I love you* (1996).

Für unser Brot sind wir Franzosen auf die Barrikaden gegangen. Es war die Hungersnot in zwei aufeinanderfolgenden Jahren, 1788/89, die das Volk so aufbrachte, dass während der Revolution Versailles fallen musste. »Hier kommen der Bäcker, die Bäckersfrau und der Bäckerjunge«, rief damals angeblich die wütende Menge. Die berühmte und unglaubliche Antwort von Marie Antoinette kennen die französischen Kinder heute aus dem Geschichtsunterricht: »Sollen sie doch Brioche essen, wenn sie kein Brot haben.«

Die Revolution wirkte noch lange nach, bis 1986 gab es die Brotpreisbindung. Revolution gibt es seitdem verbal, bei jeder Erhöhung des Baguettepreises, die heftig diskutiert wird, in oder vor der Bäckereistube und auch weiter in der Straße, zwischen Kunden und Spaziergängern – der Preis der Baguette ist Nationalsache. Auch hier gibt es, wie bei so vielen Nationalsymbolen Frankreichs, mehrere Legenden und Geschichten, die sich um den Ursprung ranken. Mal ist die Rede von einem jungen Österreicher, der in den 1830er Jahren seine Bäckerei *Boulangerie viennoise* eröffnete und ein leichtes Brot erfand, einen Vorläufer des späteren Baguette. Mal dürfen die Napoleonischen Kavaliere herhalten, die die längliche Form als im Stiefel besser transportabel erdachten. Zuletzt versuchte man die Bauarbeiter der Pariser Metro für die Baguette-Erfindung verantwortlich zu machen. Da das Baguette gut zu brechen war, brauchten die Bauarbeiter keine Messer mitzuführen. So vermied man die Messerstechereien, die damals im Pariser Untergrund für Unruhe sorgten. Die französische Sitte, das Baguette nicht zu schneiden, sondern zu brechen – »*il ne faut jamais couper la baguette au couteau*« –, geht wohl auf diese Zeit zurück. Meinen kleinen Bäcker aus Semur-en-Vallon interessiert das alles nicht. Er schließt am nächsten Morgen wieder gegen zwei Uhr die Tür seiner Stube auf und macht sich an die Arbeit.

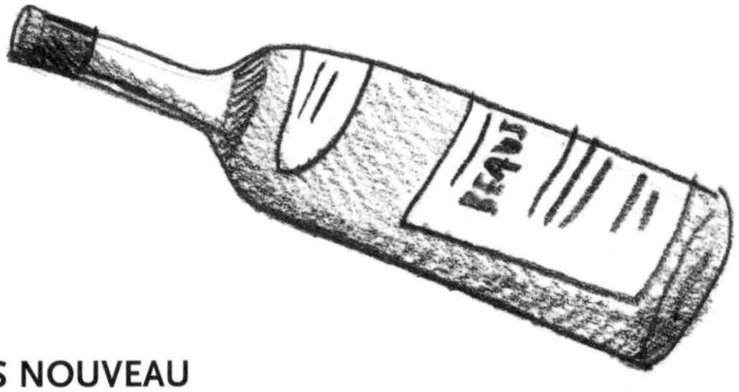


## BEAUJOLAIS NOUVEAU

Banane, ja natürlich die Banane. Kein weinkennender Franzose, der nicht den Spruch mit der Banane im *Beaujolais Nouveau* aus dem Ärmel schütteln würde, wenn es im November mal wieder irgendwo heißt »*Le Beaujolais nouveau est arrivé*«. Der Spruch stammt aus den 1990er Jahren und wird immer wieder zitiert, um den *Beaujolais nouveau* zu beleidigen. Schuld war wohl Hefe 71B, die von windigen Kellermeistern dem Wein zugesetzt wurde und für das süßliche Aroma sorgte. Es folgte ein *Beaujolais nouveau*-Kater. Seitdem ist der Beaujolais nouveau in Frankreich und anderswo seit Jahren in der Krise, und auch ich bekenne: Ich liebe Beaujolais, und deswegen mag ich *Beaujolais nouveau* nicht.

Im November 1951 hatten die Winzer des Beaujolais die Ausnahmegenehmigung erstritten, ihren Wein so kurz nach der Ernte auf den Markt zu bringen. Seit jener Zeit gibt es ein Ritual, mit der die Ankunft des neuen Weins gefeiert wird. Am dritten Donnerstag im November wird ab Mitternacht die Öffnung der frisch eingetroffenen Flaschen des jungen Weins offiziell erlaubt. Selbst nach einer verhaltenen Ernte muss das Ereignis gebührend gefeiert werden – man stelle sich vor, man würde das Marketing- und Medienereignis ausfallen lassen, nur weil es einmal keinen so reichlichen Weinsegen gab. Nicht auszudenken! Den Höhepunkt der *Beaujolais-nouveau*-Produktion in Frankreich gab es in den 80er Jahren, doch es war England, das nach seiner Entdeckung fast ein Nationalevent daraus machte, und heute trinken die Japaner ihn mit Leib und Seele. Mit über einer Million Flaschen macht die Pariser Region den größten Teil der französischen Abnahme aus – gleichwertig mit Deutschland. In Japan, dem Meister im *Beaujolais-nouveau*-Feiern, gibt es die größten Fans. Dort wird er immer getrunken, ganz gleich, ob es sich um einen schlechten oder guten Jahrgang handelt. Gut zum Reifen des Weins ist es, wenn ein heißer Sommer die Weinlese nach vorne verschiebt und der Wein mehr Zeit hat zu runden. Schlecht, wenn der Sommer verregnet ist und erst spät geherbstet werden kann.

Jeder Franzose besitzt in seinem stillen Erinnerungskämmerlein ein *doux souvenir* an den hellroten Wein. Eine Erinnerung wie meine: An einem runden Bistrotisch am Eck zweier sich kreuzender Straßen im Herzen von Paris auf der Île St. Louis feierten ein paar sehr junge Studenten beim *Beaujolais nouveau* ihre Einschreibung an der *Université de Paris Sorbonne*. Den ganzen Nachmittag haben sie in den endlosen Gängen der altehrwürdigen Universität gestanden, unter den alten Meistern in goldenen Rahmen in den Amphitheatern, in denen schon Jean-Paul Sartre saß. Es hatte gedauert – und nun hielten sie sie in den Händen, die Studentenausweise, die ihnen, so dachten sie, für ein paar Jahre die Türen des Pariser Studentenlebens öffnen würden. Im Hintergrund das Chanson von Léo Ferré *L'île Saint-Louis*. Darauf, egal wie er schmeckt, am Bistrotisch aneinandergekuschelt, ein neuer *Beaujolais* – und die Welt gehört uns!

## BEAUTÉ FRANÇAISE

*Französische Schönheit*

Französinnen haben mit einem Schönheitsklischee zu kämpfen. Gerade in den USA oder in Asien behaupten viele, nirgends gäbe es so viel natürliche Schönheit, Lässigkeit und Eleganz wie in Frankreich. Ganz schön unwahrscheinlich. Die klassische französische Schönheit und die französische Eleganz bringen auf jeden Fall Modezeitschriften, Kulturhistoriker und Anthropologen aus aller Welt dazu, dem Geheimnis dieser angeblichen Schönheit nachzuforschen. Mal muss das Erbe der absoluten Monarchie mit der Kultur der *excellence* herhalten, mit der Frankreich ein Vorbild für die Eliten Europas bildete. Man bemühte sogar den Katholizismus, der die Kultur des Schönen förderte und stärker betonte als z. B. Religionen in Nordeuropa. Schon im 19. Jahrhundert war die Französin Symbol der Frivolität und der Preziosität, berühmt für ihre feine Art und ihre Schönheit. Es entwickelte sich eine Kultur des Femininen. Es wurden Kriterien für Schönheit formuliert, z. B. durch die französischen Parfümeure oder die Modehäuser. Jeanne, eine befreundete Pariser Parfümeurin, kreiert ihre Parfüms mit Emotionen – die Schönheit bildlich vor Augen, wie sie mir erzählt. Jeanne bestätigt mir, sie höre oft, in ihrer Parfümwelt, der Ursprung für die Schönheit käme aus Frankreich, sie, die Französin, sei Inspiration, von ihr würde man träumen. Mehr noch als von der Französin träumt man, sagt Jeanne, mittlerweile von der *Parisienne,* diese sei der Inbegriff der Französin. Jeanne nutzt diese Träume für ihre Parfüms und berichtet mir, wie sich das Klischee der französischen Schönheit verändert habe. In den 1920ern sei es eine etwas burschikose Französin gewesen, die sich traute, sich zu schminken. Später habe es die Bardot gegeben, die die absolute Freiheit verkörperte, *sex appeal* hatte, ohne die Künstlichkeit der Marilyn. Jeanne kennt Kunden aus den USA, die die *beauté hexagonale* von Bardot mit einer Spur von Natürlichkeit suchen und darunter die *beauté classique française* verstehen. Die Bardot und nach ihr viele andere schöne, blonde wie brünette Französinnen bis hin zu Casta, Marceau oder der jungen Gainsbourg haben auch die Französinnen inspiriert. Wenn man aber Französinnen fragt, so orientiert sich deren Schönheitsideal nicht unbedingt an bekannten Models oder Vorbildern, wie in den USA. Meine Freundin Jeanne meint, die Französin sei nie *too much*. Sie folge eher ihrem natürlichen Instinkt. Ihre amerikanischen Kunden schwärmen: Die Französin hält das Mysterium der Schönheit am Leben, indem sie mit der Einfachheit spielt und alles scheinbar ohne Mühe leistet. Sie besitzt *la beauté innée, un chic inné, un sens du style inné,* was so viel heißt wie: Es ist alles natürlich und angeboren. Ach, wenn es doch so einfach wäre! Komisch: Sie spricht nie von Diät, obwohl sie ständig darauf achtet, was sie isst, gönnt sich nur eine frisch gepresste Zitrone zum Frühstück und verbringt Stunden im Café, in denen sie dir erzählt, wie sehr sie in Eile und eigentlich zu spät dran ist. Der Genuss ist ihr oberstes Prinzip.

## LES BELGES

*Die Belgier*

Die Beziehung zwischen Belgiern und Franzosen ist eine besondere. Ich glaube, man gehört in Frankreich nur dazu, wenn man ein bestimmtes Reservoir an Belgierwitzen parat hat. Die sind nicht nur für Heranwachsende wichtig, sondern im späteren Erwachsenenleben ebenso. Die *sous-entendus,* die Anspielungen im Hinblick auf Belgier, denen bestimmte Eigenschaften zugewiesen werden, müssen verstanden werden. Auf dem Schulhof, in der Kantine, in der Familie, an der Uni, in der *métro*. Man sollte wissen, dass die Belgier als etwas dümmlich und naiv, als absurd und verrückt dargestellt werden. Mittlerweile revanchieren sie sich offen mit ähnlichen Witzen, in denen Franzosen als arrogante, feige, faule, schmutzige und sexbesessene Schnösel dargestellt werden, die lauter komische Dinge wie Froschschenkel und Schnecken essen – Vorurteile über die Franzosen, die ja viele Nationen mit den Belgiern teilen. Ob der Vorwurf der Faulheit mit der Anzahl an Feier- und Streiktagen und der Vorwurf der Sexbesessenheit mit dem Klischee des französischen Verführers zusammenhängen? Wer weiß es?

Franzosen nehmen es gelassen hin – schließlich haben sie ja damit angefangen, und es ist nur recht und billig, wenn man sich wehrt. Diese Revanche und dieser Klein-Klein-Krieg dauern schon sehr lange. Niemand kann genau sagen, wie lange schon. Sicher hängt er mit der Rolle der Belgier und der Franzosen in den Weltkriegen zusammen, vielleicht geht er sogar noch weiter zurück bis zum Ende des 19. Jahrhunderts, als zahlreiche Belgier in den Norden Frankreichs emigrierten, um Arbeit zu suchen. Man macht sich die Vorherrschaft über *moules-frites* streitig, witzelt über die Qualität des Bieres. Die Belgierwitze fangen immer ähnlich mit einer rhetorischen Frage an – es wird nach dem Warum irgendeiner Handlung gefragt. Hauptthemen über Jahre sind die Fritten. Sie überragen und ersetzen jedes andere Objekt. Fritten als Nationalsymbol, für die es in jeder Lebenslage zu kämpfen lohnt. Meist löst sich die Frage immer in der Behauptung auf, dass Belgier für Fritten jedes Verbrechen begehen würden, auch ihre Schwiegermutter verkaufen. Derjenige, der die besten Belgier-Witze reißen konnte, war Coluche, der legendäre Komiker, der später in Frankreich *les restos du cœur* schuf, eine ehrenamtlich arbeitende Organisation, die Essen an Ärmere verteilt. Seine *histoires de belges* – »Womit treibst man einen Belgier in den Wahnsinn? Indem man ihn in einen runden Raum einsperrt und ihm sagt, es gebe eine Fritte in einer Ecke.« – waren die Vorlage für generationenübergreifendes, jahrzehntelanges Bashing. Mit der Zeit gab es dann in Frankreich eine gewisse Übersättigung, so wie in Deutschland mit den Ostfriesenwitzen. Man suchte sich andere Spottopfer aus, erprobte sich erfolgreich an Blondinen, entdeckte innerhalb Frankreichs sogar eine Region im äußersten Norden, die fast so gut war wie Belgien, und fortan waren die *Sch'tis* – *Bienvenue chez les Ch'tis* (*Willkommen bei den Sch'tis,* Kinoschlager im Jahr 2000) – ähnlichen Witzen ausgesetzt. Austauschbar waren die Witze sowieso seit eh und je gewesen.

## LE BÉRET

*Die Baskenmütze*

Kein Urgroßvater Gaston ohne seine schwarze, typische Kopfbedeckung. Einen *béret* hatte er stets auf dem Kopf. War die Wolle gut gefilzt, so war sein *béret* viele Jahre lang sein engster Begleiter. Spazierte er die *grande rue* hinunter, die Kirche entlang hin zu dem hochgestreckten Charente-Haus, in dem meine Urgroßeltern im kleinen Ort Segonzac bei Cognac wohnten, so verschränkte er genüsslich die Arme hinter dem Rücken, lächelte auf seine verschmitzte und dennoch ernste Art in sich hinein. Hatte er doch in seinem *béret* stets Nüsse versteckt. Zur großen Freude der Kinder. Wenn er eine *réverence*, eine dezente Verbeugung machte und dabei mit einer geübten, lässigen Handbewegung seinen *béret* vom Kopf nahm, kullerten alle Nüsse hinunter, und die Kinder jagten ihnen lachend hinterher.

Mein Urgroßvater Gaston besaß einen dieser typischen *béret* aus dem *Béarnais*, die aus reiner Wolle gefilzt werden und bei Sonne, Regen und überhaupt jedem Wetter getragen werden können. Er erzählte meinem Bruder und mir, dass es Napoléon höchstpersönlich war, der den baskischen *béret* in Frankreich einführte, nachdem er in Biarritz die Handwerker beobachtet hatte, die den Palast der *Impératrice* bauten und diese besondere Kopfbedeckung trugen. Die Basken sind bekanntermaßen große Reisende. Viele von ihnen waren bei der Marine, und wir können uns vorstellen, dass der *béret* sich so rasch verbreitete. Michèle Morgan und Greta Garbo, aber auch meine bildhübsche Großmutter Renée trugen in den 20er und 30er Jahren ihren geliebten *béret*. Er ist so etwas wie ein kulturelles Erbe, lebendiger Teil des französischen Alltagslebens. Lange war er nicht mehr so *en vogue*, doch mittlerweile gibt es viele Kollektionen in allen Farben – und in vielen Modezeitschriften.

Mein Bruder Jean-Luc trennte sich als Kind fast nie von seinem blauen *béret* – er spielte mit dem kleinen Zipfel am oberen Rand und ließ ihn kreisen. Die Kappe war mehr Kamerad als Kopfbedeckung. Ich selbst habe erst in meiner Studentenzeit an der Sorbonne die Liebe zu diesem typisch französischen Hut entdeckt. Ich stürzte mich – an die Bohème-Stars von Saint-Germain-des-Prés denkend – auf die Modelle von Laulhère aus Oloron-Sainte-Marie und wählte rot. Es war dieses Gefühl der zarten, warmen Filzwolle, das ich mochte. Der Hut schützte mich vor dem kalten Pariser Novemberwind in den Straßen rund um die Universität, wenn wir aus den überhitzten Hörsälen kamen. In meiner Familie haben wir den Brauch meines Urgroßvaters, etwas im Revers des *béret* zu verstecken – ein kleines Wort, einen kleinen Glücksbringer –, übernommen. In meinem *béret* war ein kleiner Spruch versteckt …

## BLEU, BLANC, ROUGE

*Blau, Weiß, Rot*

Nun, das sind die Farben der französischen Trikolore. Farben, die mir seit meiner Kindheit so vertraut sind, dass sie jahrelang den Inhalt meines Kleiderschranks geprägt haben. Blau die Strickjacke, rot der Mantel, weiß die Bluse. Auf der Website des Élysée steht: *Le seul emblème national de la France – das einzige nationale Emblem Frankreichs.* Seit 1794 sind die drei Farben auf der offiziellen Flagge Frankreichs. Weiß ist die Farbe des Königs, rot und blau sind die Farben der Stadt Paris, meiner Heimatstadt. Ein richtiges *emblème national* mit einer langen Geschichte.

Die Flagge hat ihre besondere Bedeutung. Mein Großvater – jahrelang im Dienste der SCNF, der französischen Eisenbahngesellschaft – war nie um eine Geschichte über die Nationalfarben verlegen. Er wusste: An einem Diplomaten-Auto muss die Flagge stets befestigt werden. Die größte Flagge hängt unterm Arc de Triomphe. Doch Blau, Weiß, Rot, das sind auch die Farben, die viele Unternehmen als Farbe oder in ihrem Logo tragen, beispielsweise das französische Fernsehen, Fluggesellschaften, die wichtigsten Vereinigungen und Verbände, viele Parteien. Orden tragen diese Farben, wie der *Meilleur ouvrier de France,* oder die Fußballmannschaft – zumindest in Teilen. Seit der letzten Weltmeisterschaft allerdings – man erinnere sich an das damalige Team – haben sich die Farben den modernen Zeiten angepasst. *Black blanc beur – Schwarz Weiß Arabisch* – kam auf. In Anlehnung an *bleu blanc rouge* signalisiert *black blanc beur* die Multikultigesellschaft. Verschiedene Nationalitäten prägen die großen Mannschaften im Sport und nicht nur dort. Nach den Terroranschlägen vom 13. November 2015 waren weltweit viele Wahrzeichen in den Farben Blau-Weiß-Rot angeleuchtet – als Symbol für die Solidarität mit Frankreich.

## BISES – UNE, DEUX, TROIS OU QUATRE?

*Küsschen – ein, zwei, drei oder vier?*

Ich verstehe ... Sie brauchen eine Bedienungsanleitung für das Begrüßungsküsschen, eine Hilfe, zumindest eine wohlwollende Erklärung, wenn Sie nicht sofort als Außerirdischer mit Berührungsscheu gelten wollen. Die Schwierigkeit dabei ist, dass die wohlwollende Erklärung gegebenenfalls nur für bestimmte Regionen Frankreichs gilt und wir Franzosen uns nicht so ganz einig sind, wo die Grenzen liegen, um es vereinfacht auszudrücken.

*Tant pis*: Die Lippen werden geschürzt, dennoch schmatzt man beim Küssen nicht, sondern deutet nur einen Luftkuss an. Dabei werden die Wangen berührt. Im Norden Frankreichs fängt man meist mit der rechten Wange an. Im Süden dagegen, so sagt man, mit der linken. Ausnahmen bestätigen die Regel, die Übergänge sind fließend. Die Menschen leben ja nicht immer am selben Ort, und daher gibt es viele Möglichkeiten. So küsst man in Paris in der Regel zweimal, auf dem Lande drei- oder viermal, je südlicher, scheint es, umso öfter. Zum Glück gibt es schon Frankreich-Karten der *bises*-Rituale ... Peinlich, wenn man mehr Küsschen verteilt, als das Gegenüber erwartet, und ebenso peinlich, wenn man sich selbst schon umdreht und das Gegenüber ins Leere küsst.

Männer küssen nicht unbedingt Männer, bei sehr guten Freunden oder unter Familienmitgliedern ist es allerdings durchaus üblich. Frauen küsst man im privaten Bereich eigentlich immer, Händeschütteln gilt als unterkühlt, regelrecht abweisend. Kinder lernen das von früh an, schließlich werden sie wie in einem Ritual aufgefordert, *tante Rosalie* oder *pépé Janneau* Küsschen zu geben. *Allez, fais la bise á tante Rosalie! Faire la bise* gehört zum Alltag – man denke nur an die Tour de France-Siegerpose, undenkbar ohne anschließende *bises*-Verteilung auf dem Podest, oder an die *bises* von *Monsieur le président de la République* an Kanzlerinnenkolleginnen.

*Embrasser* heißt zwar »küssen«, aber eigentlich meint es eher so etwas wie »umarmen«. *Donner un baiser* heißt dagegen wirklich »küssen«, denn *le baiser* ist »der Kuss«, der Liebeskuss. *Faire la bise* heißt: »ein Küsschen geben«, meist rechts und links. Wir Franzosen sind da großzügig, umarmen schnell, küssen gerne, halten weniger Distanz als andere und lassen mehr Körperkontakt zu. Meistens jedenfalls.

## LE BISTRO

*Das Bistro*

Mein kleines *bistro de France* wird vom *bistrotier* geführt, einem Mann im besten Alter, dessen Bauchwölbung mir verrät, dass er gerne isst. Doch hinter dem Tresen sitzt auch eine alte *Mamie*, die die Geschicke des Hauses lenkt, auf einem hohen Hocker thront, fortwährend mit einem Tuch die Gläser zu putzen scheint, und das Geld in einer alten überdimensionierten Kasse verwaltet, hinter der sie fast verschwindet. Hier in meinem *bistro*, in dem die Weihnachtsgirlande das ganze Jahr über hängt, wird nicht nur Kaffee, sondern auch Bier und Wein serviert. Mein kleines *bistro* ist auch ein kleines Restaurant, ohne große Ambitionen, zu je einem Drittel Café, Restaurant und Bar. Die Karte bietet leckere kleine Gerichte zwischen Restaurant und Brasserie. Hier gibt es *quiche lorraine, salades, croque-monsieur, pot au feu, soupe à l'oignon*. Der Tresen ist aus Zink, es gibt eine große Kaffeemaschine, einfache Holztische mit Tischdecken aus Papier in Vichy-Karo und klassische Bistrostühle. Ich bin gerne hier, besonders

zum Frühstück. In einem kleinen Bastkorb auf dem Tresen liegen herrlich frische Croissants, die die nahe gelegene Bäckerei an das *bistro* liefert. Ich bestelle einen *jus d'orange*, ein Croissant und einen *café au lait*. Wie viele Franzosen frühstücke ich zu Hause oft nicht richtig. Mein Arbeitsweg führt mich am *bistro* vorbei. Die fünfzehn Minuten gönne ich mir.

Mein kleines *bistro de France* um die Ecke weckt Nostalgie in mir. Es ist eines, das dem *bistro*-Sterben trotzt. 35 000 sind nur noch übrig. Jedes Jahr müssen ungefähr 1000 schließen. Ob das *bistro* – den Namen gibt es erst seit dem 19. Jahrhundert, und er wird mal mit »t« am Ende geschrieben, mal ohne – inmitten der Burger-Restaurants überleben wird? *Bistro* soll von dem russischen Wort für »schnell« abgeleitet sein – russische Arbeiter gaben so ihre Bestellung im Lokal auf und wollten auch schnell bezahlen. Beste Voraussetzungen eigentlich, um im Zeitalter des Fastfood zu bestehen.

Bistros empfangen alle Träumer und Verzweifelte, alle, die auf ihre Liebsten warten, Studenten, die in ihrer *chambre de bonne* frieren, Menschen auf der Durchreise, Freundinnen am Ende eines Arbeitstags, Nachbarn aus dem *quartier* oder einsame Männer. Sie sind Orte für Rendezvous, für Arbeitsbesprechungen, für Treffen jeder Art. Sie leben vom zwischenmenschlichen Kontakt, der hier gepflegt wird. Es gibt *bistros* für Menschen aller Herkunftsländer, Religionen oder Gesellschaftsschichten: die bretonischen *bistros* bei Montparnasse, die jüdischen *bistros* im Marais-Viertel, *bistros* auf dem Dorfplatz in der Provinz, am Hafen für die Seeleute, oder Migrantenbistros, spezialisierte, edle *bistros à vin* mit einer unendlichen Weinauswahl oder auch solche, die eindeutig einer politischen Meinung zuzuordnen sind. Der Schriftsteller Alphonse Allais bemerkte zu Recht, dass man gezwungen ist, auch sein *bistro* zu wechseln, wenn man seine politische Meinung ändert. Für das *bistro* gibt es viele Namen: unter anderem *troquet, bistroquet*. Zola nannte es *l'assomoir,* für Seeleute ist es *le rade* oder *le bouchon,* und Balzac schrieb vom *cabaret*. Ich finde, es ist egal, wie man es nennt. Hauptsache, die Menschen, mit denen man sich dort trifft, sind *d'accord*.

In meinem kleinen *bistro* bleiben einige Gäste am Tresen stehen, gewohnt lässig angelehnt, den Körper halb zur alten *Mamie* gedreht, halb noch in Richtung der Glasfront, die den Blick auf die *bistro*-Terrasse frei gibt. Der *bistrotier* hört sich die Geschichten seiner Gäste an. Er könnte lustige Anekdoten erzählen, aber es ist wie ein bisschen bei der Beichte: *bistro-discrétion obligatoire*. Geheimnisse werden streng gehütet.

## BOBO

Am Canal Saint-Martin lungern sie herum, die *bobos*. *Bobo* sein ist nicht unbedingt ein Kompliment, aber auch keine Beleidigung. Obwohl ... ganz am Anfang, als ein amerikanischer Journalist der *New York Times* den Begriff über die *bobo*-Generation prägte, da war es das vielleicht schon. Es gibt viele *bobos,* vor allem in Paris. Wo andere Städte, etwa Berlin, den Hipster haben, hat Paris den *bobo*. Egal, wo man ist, ob *rive gauche* oder *rive droite,* überall *bobos*. Es sind der smarte Anwalt, der Medienmacher oder der Bewohner eines

Lofts im Stadtviertel Marais. Der *bobo* ist urban. Entsprechend findet man ihn auch in Lyon oder in Lille. Man erkennt ihn, liebt oder hasst ihn. Ein *bobo* ist ein *bourgeois*, jemand Kultiviertes aus der besseren Gesellschaftsschicht, der eine gewisse, fast künstlerische Lässigkeit, etwas Bohèmehaftes an sich selbst sucht und versucht. Er unterscheidet sich von denen, die »nur« *chic* oder *classe* sind. Da der *bobo* beides vereint, den *bourgeois* und den *bohémien*, sozusagen ein *bohémien de luxe* ist, hat er also zwei Seelen in seiner Brust. Auf der einen Seite ist er bürgerlich, aber auf der anderen unkonventionell. Wie soll er beides vereinen, wie sich aussöhnen mit den zwei Extremen? Er versucht es über die Kleidung: Sie ist erlesen, dennoch sportlich und locker. Oder über das Essen, seine Freizeitaktivitäten oder die Orte, an denen er sich aufhält. Entsprechend hat sich die Bezeichnung auf andere Dinge übertragen. Ein Mensch, Kleidung, Essen oder ein Ort – alles kann *bobo* sein. Dennoch wird der *bobo* es nie schaffen, nur eines davon zu sein – er bleibt ein fabelhaftes Zwitterwesen. Selbst wenn man es könnte: Ich bin dafür, *bobos* nicht abzuschaffen, denn man kann wunderbar über sie schimpfen (*raler*).

## BORIS VIAN

Er hatte stets seine kleine Taschentrompete dabei und prägte mit seiner spontanen Musik die Keller von Saint-Germain-des-Prés – ein *trompettiste* von großer Statur, mit eisblauen Augen. Stickige Luft, dichte Atmosphäre, dunkle Räume. Er empfand den Jazz als künstlerische Befreiung. Der Geist Vians weht dort schon lange nicht mehr – Touristenläden mit Eiffelturmfiguren und Edelboutiquen haben sich nun hier breitgemacht und die Musik verdrängt.

Unter den Nachkriegs-Persönlichkeiten meines Heimatlandes ist Boris Vian sicher eine der einflussreichsten. Ohne Vian gäbe es womöglich nicht die Erfolge von Serge Gainsbourg, Juliette Gréco, Nana Mouskouri oder Yves Montand. Mich hat vor allem seine Musik begeistert, andere lieben seine witzigen, surrealen Theaterstücke und Romane, wieder andere bewundern ihn für seine Übersetzungen oder seine besonderen Gedichte. Kenner der Oper liebten seine *livrets d'opéra*, Filmbegeisterte lobten seine Szenarien, Kulturinteressierte seine Artikel zur Musik. Er habe den Kopf in den Wolken und die Füße in den Wissenschaften, sagte François Roulmann, der berühmte Buchhändler, über ihn. Schriftstel-

ler, Musiker, Ingenieur, Journalist, Trompeter, Schauspieler, Übersetzer, sogar Maler: Er war einfach nicht zu fassen durch die Vielfalt seiner Talente, war weder weiß noch schwarz, weder lustig noch ernst. Schwierig, in dem Wirrwarr an Werken und Pseudonymen den Überblick zu behalten ...

Mit dem 1959 verstorbenen Künstler verband meinen Vater in Saint-Germain-en-Laye die extravagante Leidenschaft zu Automobilen. Vian konnte diese Leidenschaft mit echtem Blech pflegen, mein Vater leider nicht. Vian schaffte sich einen Zweisitzer an, einen Austin Minor, Morgan, ein »Egoisten-Auto«, wie Vian sagte. Da es zu dieser Zeit kein Tempolimit gab, sauste er die Autobahn Paris–Versailles hoch und runter. Miles David, Duke Ellington oder Erroll Garner kamen zu Besuch und warteten auf den Flitzer, um genauso dem Temporausch zu verfallen. Danach wurde bei einer Freundin – weil es Sonntag war – Hühnchen, *poulet,* gegessen. Über Essen konnte Vian genauso lang und breit reden wie mein Vater und auch schreiben. In *L'Écume des jours* gibt es tausendundeine Andeutungen ans Essen. Erst am Abend kehrte man nach Paris zurück, Vian wohnte zeitweilig in der Nähe des Moulin Rouge.

Da er der Imperfektion der französischen Sprache auf den Grund gehen wollte, verdrehte er ständig Redewendungen. Das sei der Ingenieur in ihm, meinte er. Möglichst genau sein zu wollen, und das auch noch in der Kunst, hat ihn manchmal verrückt gemacht. Ich bin sicher, er hätte aus der Tatsache, dass sich am Tag seiner Beerdigung die Leichenbestatter im Streik befanden, eine wunderbare, skurrile Romanszene geschaffen. Seine Antwort auf die Frage, warum Leichenbestatter im Französischen *croque-morts* heißen: Früher biss man den Toten in den Zeh, um zu sehen, ob er wirklich tot ist.

## LA BOUCHE

*Der Mund*

Schon vor der Vorschule lernen die französischen Kinder das Stammvokabular, um ein Gesicht zu beschreiben: *le nez, les yeux, les oreilles, la bouche. La bouche* lernen sie aber schon bald auch in vielen Redewendungen zu benutzen.

»Warum hat die Metro einen Mund, *Mamie?*«, fragte meine Tochter Esthelle ihre Großmutter. Meine Mutter ist gerade dabei, sich mit einer Freundin zu verabreden. Treffpunkt: *la bouche du métro.* Sie unterbricht ihr Gespräch. *La bouche du métro?* »Ach ja! *La bouche du métro* heißt: der Metro-Ausgang«, beruhigt sie Esthelle. »Jetzt schau doch nicht so *bouche bée.*« Erneut schaut meine Tochter fragend. »*Bouche bée* bedeutet, dass man nichts mehr sagen kann, keine Worte mehr findet. Hör zu, ich erzähle dir mal was *de bouche à oreille* (im Vertrauen) und hoffe, du behältst *la bouche cousue* (das Geheimnis für dich).« Meine Tochter wird unruhig. Manchmal ist das nicht einfach mit der Zweisprachigkeit. »Wenn du willst, dann gehen wir beide zu Ladurée, und dort suchen wir uns ein paar Macarons aus. Du bist ja *une fine bouche* (ein Schleckermäulchen), genau wie ich. Einverstanden?« Jetzt strahlt Esthelle. Flüsternd und mit einem Augenzwinkern gesteht sie: »*J'ai l'eau à la bouche*« – *mir läuft das*

*Wasser im Munde zusammen*. Also kennt sie doch noch eine weitere Redewendung mit *bouche* und überrascht ihre Großmutter.

## BORDEAUX

Ein Fass. Meine ganze Kindheit glaubte ich, Bordeaux sei ein Fass. Und für dieses hölzerne Fass fuhr mein Vater mit einem Freund, Bernard, von unserem Landhaus an der Loire bis ans Tor des Ozeans, nach Bordeaux in den Südwesten Frankreichs.

Die Vorstellung von »einem Fass Bordeaux« regte meine kindliche Fantasie an; ich fragte mich: Wie passte eine ganze Stadt in ein Fass? Dieses Fass musste etwas ganz Besonderes sein, denn mein Vater und Bernard nahmen einen mehrere hundert Kilometer langen Weg in Kauf. An Angers vorbei, dem hügeligen grünen Tal Angoulème, und zuletzt Cognac, der Region, aus der meine Urgroßeltern stammten. Und später, als ich älter war und mir schließlich klar wurde, dass es sich um Wein handelte, dachte ich mir: Wie wertvoll muss dieser Tropfen sein, dass man solch eine weite Reise auf sich nimmt! Zu Hause wurde das helle Rot in Flaschen gefüllt. Damals waren die Bordeaux-Rotweine weit heller als in den 80ern und heute. Nun beschäftigte uns das stundenlange Waschen der Flaschen. Wir holten sie aus unserem Steinkeller und mussten sie vom Lehm befreien, der den Boden des Kellers bedeckte. Anschließend wurden die Korken in großen Wannen aufgekocht. Wir nannten diese Tätigkeit liebevoll »Korkensuppe kochen«. Später wurde eingefüllt. Das Bordeaux-Fass war für uns immer Anlass für ein fröhliches Beisammensein mit Freunden und Familie. Die Weindämpfe in der schwülen Küche bei sommerlichen Temperaturen taten das ihre, und wir sangen lauthals Lieder über die im Hafen ankernden Schiffe, deren Matrosen und die Rotlichtviertel der Umgebung. Dabei war das Lied *Dans le port d'Amsterdam* von Jacques Brel eigentlich der holländischen Stadt gewidmet – doch das interessierte uns nicht.

Dass es in Bordeaux seit dem zweiten Jahrhundert Weinbau gibt und dass der Bordeaux mit seinen fünfzig *appellations* und Klassifizierungen sehr beliebt ist, wusste ich schon früh. Wie unterhaltsam waren die Erzählungen meines Vaters und seines Freundes über die Geschichten der Châteaux, bei denen er die Fässer jedes Jahr holte. Einige der dreitausend Châtelains öffneten großzügig ihre Keller und Gärten für aus-

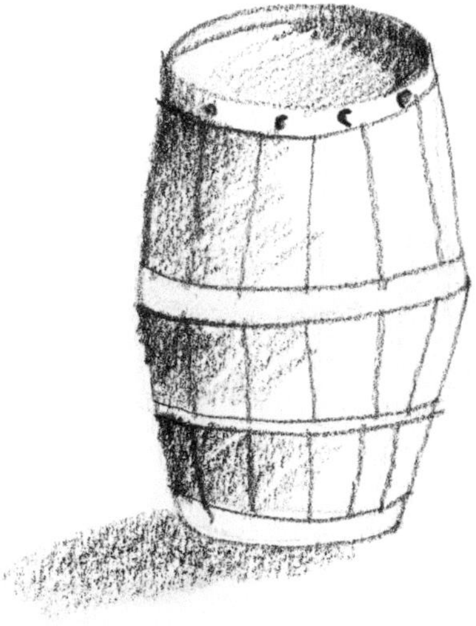

giebige Spaziergänge zwischen den Reben und Unterhaltungen unter Weinkennern. Ob Saint-Émilion, Médoc, Pomerol, Graves, Moulis oder Pauillac: Die charaktervollen, trockenen Weine boten genügend Gesprächsstoff. War man mit der Beschreibung der Weine durch, so konnte man sich wunderbar über das Klima, die Flüsse Garonne und Dordogne, den Kalkstein, den Sand oder das Kies unterhalten, die die wunderbaren Spitzenweine und *grands crus* hervorbrachten.

Nicht selten wurden die beiden Männer noch zum Aperitif auf der Terrasse oder zum Mittagessen in den angrenzenden Schlossküchen eingeladen, gefolgte von spontanen *boule*-Spielen, denn: Man musste sich ja noch bewegen nach dem stundenlangen Essen. Heute, bei den zahlreichen *négotiants* oder *coursiers,* die für die Distribution der Bordeaux-Weine zuständig sind und sich zwischen einen lohnenden, persönlichen Direktverkauf stellen, ist das alles undenkbar.

## BOULES

*Boule-Spiel*

»*Tu tires ou tu pointes?*« – »Was ist? Schießt du mit deiner Kugel die gegnerische weg oder wirfst du sie an die Setzkugel heran?«, ruft mir einer der Rentner entgegen, als ich mich auf Einladung einiger Freunde mit meinen Kugeln in der Hand im südfranzösischen Hafenstädtchen Cassis auf die gleichmäßige *pétanque*-Fläche wage. Nun bin ich gefordert, der Mimik und speziellen Wortwahl meiner Mannschaft zu folgen, und mische mich nach einigen Spielen sogar in die

lebhafte Diskussion ein. Dabei verstehe ich nicht einmal die Hälfte dieser rätselhaften Kommunikation mit eigenen Redewendungen, Witzen, technischen und sportlichen Ausdrücken, obwohl ich in Frankreich mit diesem Volkssport aufgewachsen bin. Ich verstehe auch nicht, was gut oder schlecht gespielte *boules* auszeichnet. Meine Sicht auf die Spielfläche ist eine andere, ich sehe weder die kleinen Steinchen, die im Weg liegen, noch andere Hindernisse in Form von fremden *boules*. Ich spüre die südfranzösische Sonne im Gesicht, höre das Rauschen des nahen Meeres und das Kreischen der Möwen über uns. Aber ich darf mich nicht ablenken lassen, ich bin jetzt an der Reihe.

Es gibt viele Nationalheiligtümer in Frankreich, das *boule*-Spiel ist eines davon. In manchen Dörfern müssen Sie sich auf etliche *boule*-Spiele mit den Bewohnern einlassen, bevor Sie an der Theke des einzigen Cafés bedient werden. Manche meinen, Sie werden als kleiner Franzose oder kleine Französin mit *boule*-Kugeln in den Händen geboren. Andere wiederum unterteilen die Menschheit in *pointeurs, tireurs* oder *milieu*, also beurteilen Sie nach der Position, in der Sie üblicherweise Ihre Kugeln spielen. Wiederum andere schauen ganz genau auf die Marke der *boules* in Ihren Händen. Sie schwören je nach Terrain auf schwerere, harte, halb-weiche oder weiche Kugeln. Wehe dem, der für die Größe seiner Hände den falschen Durchmesser und die falsche Grammzahl erwischt hat oder mit Anfängerkugeln und billigen *boule*-Pärchen aus dem Supermarkt erscheint.

Ja, es ist eine Wissenschaft für sich. Und das Wichtigste ist erst einmal die Wahl des richtigen *boule*-Spiels. Es gibt nämlich mehrere. *Boule à la Lyonnaise* zum Beispiel unterscheidet sich von *pétanque*, der über 100 Jahre alten südfranzösischen Art. Während die Spielfläche bei *pétanque* mit 15 Metern Länge auskommt, ist sie bei *à la Lyonnaise* mit 27,5 Metern Länge fast zweimal so groß. *À la Lyonnaise* sind die Kugeln schwerer, und die kleine, meist hölzerne Kugel, die man anzielt, *le cochonnet,* ist größer als bei *pétanque*. Der Hauptunterschied liegt jedoch darin, ob die Spieler vor ihrem Wurf Anlauf nehmen oder nicht. *À la Lyonnaise* ist mit einigen Schritten verbunden, *pétanque* verzichtet darauf. Hier bleiben die Spieler innerhalb eines kleinen, 30 Zentimeter breiten Kreises stehen, so wie bei meinem Spiel in Cassis. Ich kann froh sein, dass keiner der Mitspieler zu den 35 000 lizensierten Spielern gehört, die in Turnieren und Wettbewerben wie dem *Mondial La Marseillaise de pétanque* spielen. Er würde mir weit öfter auf die Finger hauen als meine großzügigen Rentner in Cassis. Marcel Pagnol, den meine Großmutter wegen seiner Kindheitserinnerungen an die Provence, *La Gloire de mon père* und *Le Château de ma mère,* liebte, schrieb: »Wenn eine Partie Boule beginnt, entsteht ein ganzes Dorf«.

Ich bin sicher: Auch wenn sie mir geduldig die Grundregeln erklärt haben und ich diese nun zu kennen glaube, werde ich beim nächsten *boule*-Spiel im Jardin du Luxembourg wieder irgendeine davon missachten und von meinen Mitspielern harsch zurechtgewiesen werden. Dessen bin ich mir sicher. Ich werde ihnen im Geiste mit einem meiner Lieblingsautoren, Honoré de Balzac, antworten, der in seiner Erzählung *Ferragus* Boule-Spieler als die fanatischsten unter den religiösen Sektierern bezeichnet – und ich werde meine

Cassis-Rentner mit ihrer Geduld und Empathie vermissen. Ihre Lässigkeit hat sicher mit dem südfranzösischen Klima zu tun.

## BOUT DE CHOU

*Kleiner Liebling*

*»Mon petit bout de chou«*, sagte meine Großmutter immer. Nein, die süße Bezeichnung hat nichts mit *chou*, dem Kohl, zu tun. Sie meinte: mein kleiner Schatz, mein kleiner Liebling.

## BÛCHE DE NOËL

*Weihnachtskuchen*

Kulinarischer Weihnachts-Kult ist die *bûche de Noël* – ein in Form eines Baumstammes oder Holzscheites gerollter Biskuitkuchen mit fantasievollen Glasuren und Dekorationen. Weihnachten ohne *bûche de Noël* ist in Frankreich undenkbar. Nicht jedem schmeckt allerdings diese Rolle aus Biskuit, Mousse, *crème pâtissière* und Buttercreme, daher denken sich die *pâtissiers* und Meister des süßen Fachs immer leichtere und modernere Versionen aus. Am Heiligabend, dem *réveillon*, darf sie auf dem Tisch genauso wenig fehlen wie die Geschenke und der Weihnachtsbaum in der Stube. Heute verläuft ein *réveillon* mit all den Delikatessen wie Gänseleber, gebratenem Truthahn, Austern und der traditionellen *bûche de Noël* nach einem geübten Muster. Die *bûche de Noël* bildet den glanzvollen Höhepunkt und oft auch den Abschluss der Familienfeier. Erst am 25. Dezember findet die Bescherung für die Kinder statt.

Wenige Franzosen kennen den Ursprung der Tradition und könnten erklären, was ein Holzscheit auf dem festlich dekorierten Tisch zu suchen hat. Früher wurde am Vorabend des Weihnachtstages ein Holzscheit entfacht – zum Schutz von Familie und Haus. Drei Tage sollte es brennen; die Asche wurde später auf dem Feld verteilt, wodurch man sich eine gute Ernte erhoffte. Einst war das Holzscheit ein Symbol für Licht, später für zukünftigen Reichtum, es gab den Menschen Kraft und Zuversicht. Im 19. Jahrhundert gab es jedoch zunehmend weniger Kamine, und so brachte man ein süß und mit allerlei bunten Dekorationen verziertes Holscheit aus Biskuit und Schokolade auf den Tisch.

In meiner Familie mochten wir die klassische *bûche de Noël* aus Schokolade und Biskuit, die wir meist vom *pâtissier*

kauften. Manchmal haben wir aber auch selbst eine gebacken, nach dem Rezept meiner Großmutter, die als Meisterin aller Kuchen, Kekse, Desserts, Pâtisserien, Marmeladen, Gelees, Bonbons, Karamels, Zuckerblüten und anderer Leckereien galt. Für ihre *bûche de Noël* benötigte man die richtigen Zutaten, wie eine besonders wertvolle Schokolade mit einem spezifischen Kakaoanteil, Fingerspitzengefühl für das Rollen des Biskuits, Liebe zum Detail und viel Zeit und Geduld.

# C

## UN CAFÉ À SAINT-GERMAIN-DES-PRÉS

*Ein Café in Saint-Germain-des-Prés*

Das ist dieser wunderbare Moment zwischen den Einkäufen und dem Nachhausegehen, eine Zeit zwischen den Zeiten, ohne Ziel, ohne Motivation, außer dem Innehalten am richtigen Ort, einem *Café à Saint-Germain-des-Prés.* Sehen und Gesehen-werden. Früher mit Zigarette zwischen den Fingern und einem Buch auf dem Tisch, heute mit einem Smartphone in der Hand und der Sonnenbrille auf der Nase, die Beine übereinandergeschlagen, noch im Mantel. Schnell noch *un express* oder *une noisette* beim unfreundlichen Kellner bestellen, die Einkaufskörbe oder Tüten unter dem Tisch verstauen. Mehr als zwei Schlucke der braunen Flüssigkeit sind es nicht, doch dieser kleine Augenblick in einem *Café à Saint-Germain-des-Prés* hat es in sich.

Waren es früher die Bohème – Musiker, Literaten oder Möchtegerneliteraten –, die vor allem ein ganz bestimmtes Café, *Les deux Magots,* bevölkerten und dort ein intellektuelles Miteinander pflegten, so weht heute nur noch ganz von fern der Geist einer Simone de Beauvoir herüber. Ein paar Schritte weiter, wenn man den Boulevard Saint-Germain überquert, erinnern ein paar Verlage, Literaturinstitutionen oder Buchantiquariate an diese Zeit. Die Tische der Bistros sind besetzt von Studenten der nahe gelegenen Universitäten, allen voran der Sorbonne, aber auch der Medizinfakultät. Auch Verlagsmitarbeiter vertagen ihre Geschäftsessen gerne in ein *Café à Saint-Germain-des-Prés.*

*Un café à Saint-Germain-des-Prés* – da trifft man auch die alte Concierge, eine der letzten ihres Berufstands, und die Nachbarin, die sich einen kleinen Kurzen gönnen inmitten des Alltags. Eine träumerische junge Frau kurz vor ihrem Friseurtermin, die sich die Hände an ihrem heißen Getränk wärmt. Der Geschäftsmann im edlen Anzug, der gar nicht zu seiner jungen Begleitung passt. Die ganz in Weiß gekleideten Maler, die mit überkreuzten Beinen an der Theke lehnen und ihre vormittägliche Pause verbringen. Sie behalten ihre Mütze auf dem Kopf und ihr Metermaß in der Seitentasche. Der Kellner im weißen Hemd hat das Küchentuch über der Schulter und begrüßt die Stammgäste, die hereinkommen, während er auf den Tischen Salz- und Pfefferstreuer verteilt. Dann bleibt er kurz stehen, balanciert das Tablett auf den Fingerkuppen und blickt in die Sonnenstrahlen, die gerade in eine Ecke des Cafés dringen. Diese Gabe, kurz innezuhalten inmitten des Trubels, des Alltags, der Anstrengungen und trotz Termindrucks eine Pause zu machen – das ist *un café à Saint-Germain-des-Prés.*

## CAFÉ DE FRANCE

Es gibt eines in Marrakesch, eines in Düsseldorf, eines in Dallas, eines in Paris und eines in Saint Maxime. *Café de France* heißen – neben *Café de Paris* vielleicht oder *Café de la*

*Paix* – die meisten französischen Cafés. Seit dem 17. Jahrhundert ist die Bezeichnung bekannt. Die Ergänzung *de France* finden Sie bei allem, womit Franzosen ihren Nationalstolz verbinden, wie z. B. bei *Tour, Coupe, Hotel, Banque, Gîtes, Institut, Patrouille* oder *Gaz*. Doch was macht ein *Café de France* aus?

Die typische Szenerie: Frühstück mit *café et croissant* in einem oft prächtigen Interieur, manchmal im *art déco*-Stil, manchmal im einfachen rot-weiß-karierten *bistro*-Stil. Unter den Platanen an irgendeiner *Place de la liberté* oder *Place de Gaulle*, am Eck zweier kleiner Straßen, im 300-Seelen-Dorf. Die Terrasse ist im Winter beheizt. Die Bistrostühle mit rot-schwarz gestreiftem Geflecht sind viel zu eng aneinandergeschoben, die Stuhlbeine scharren unangenehm auf dem Boden, wenn man sich den Platz mit der besten Aussicht auf die vorbeilaufenden Menschen aussucht. Ein geschäftiger Typ in Jeans und blauem Blazer telefoniert ununterbrochen. Sein Handy lenkt ihn von seinem Steak-frites ab. Am Nebentisch wird eine einfache Flasche Chinon bestellt, sie passt am besten zum Entrecôte mit Zwiebeln. Neben dem Tresen steht ein großer dunkelroter Schrank, der seine besten Tage schon hinter sich hat. Kleine Bastkörbe warten in einer Reihe nebeneinander auf ihren Einsatz. Ein paar wie Zinnsoldaten aufrecht stehende Baguettes werden gleich auf der groben Holzplatte in Scheiben geschnitten und in die Körbchen gelegt. Nach ihrer Essensbestellung erhalten die Gäste eines der Körbchen. Der Kellner mit seinen schwarzen Hosenträgern und dem weißen Küchentuch über der Schulter trällert ein Lied und unterbricht nur kurz, um eintretende Gäste zu begrüßen. Er deckt die Tische ein, Besteck und karierte Servietten – bald ist die Essenszeit, und das noch halb leere Lokal wird sich füllen. Zwei Freundinnen bestellen einen Kaffee und werden freundlich-bestimmt gefragt, ob sie denn auch etwas zu essen wollen, gleich sei ja *midi* und die Tische seien für die Mittagszeit reserviert. *Ah, mais oui, Mademoiselle, c'est midi!* Menschen gehen vorüber, ein Mann mit Vélib, einem dieser in Paris überall verfügbaren Mietfahrräder, fährt vorbei, mit einer großen grünen Pflanze im Fahrradkorb, die in ein Papier vom *marché aux fleurs* auf der Île de la Cité eingewickelt ist. Ein anderer mit einer Champagnerflasche in der Hand nähert sich, strammen Schrittes und ernsten Gesichts. Wo will er mit dem edlen Getränk und dieser Miene hin? An der Ecke Boulevard Voltaire weht die französische Fahne. Es ist windig, die Spaziergänger schlagen die Krägen hoch und ziehen ihre Schals über die Nase. Kommt rein, im *Café de France* ist es warm!

## CAFÉ, NOISETTE, CRÈME, GOURMAND

*Kaffee*

Wenn Sie *café filtre* bestellen, dann bekommen Sie Filterkaffee gebracht. Die junge Frau mit dem roten Mantel dort bestellt lieber *café noisette*. Dieser kleine *café crème*, mit etwas heißer, aufgeschäumter Milch, passt besser zu ihr. Was war noch mal der Unterschied zwischen *café crème* und *café au lait*? Nun, den *café crème* gibt es in den Größen *petit, moyen* oder *grand,* und er wird mit 2/3 heißer, meist nicht aufgeschäumter Milch serviert. Daher ist der *café au lait* meist ein großer *café crème*. Den trinken wir zu Hause traditionell zum Frühstück, in einer *bol*, einer großen Schale. Den *café noir* bestellt der junge Mann, der auf der Bank sitzt und Zeitung liest. Die kleine Tasse schwarzen Kaffees ist meist ein Espresso, selten Filterkaffee. Also ist der *café noir*, auch *p'tit noir* genannt, eigentlich ein Espresso. Der junge Mann hätte auch »*Un espress, s'il vous plaît!*« sagen können. Der *garçon* hätte ihm nichts anderes als einen Espresso serviert. Denn *un espress* ist *un espresso* oder auch *un express*. Wenn der junge Mann von der Arbeit müde ist, dann möchte er manchmal *un café double*, das ist der doppelte Espresso. Honoré de Balzac, der unweit der Quais des Grands Augustins, in der rue Visconti und vor allem in seinem Haus in Auteuil einen sehr starken Kaffee nach dem anderen trank, ist – da bin ich sicher – auch an seinem Kaffeekonsum gestorben. Zumindest hat die kleine, weiß-rote Kaffeekanne, aus der er tagtäglich an die fünfzig Tassen goss, dazu beigetragen, dass er nicht allzu alt wurde. Doch sie beflügelte seine literarische Schaffenskraft – bis zu achtzehn Stunden am Tag soll er geschrieben haben. Die *Comédie humaine* verdanken wir also dem *ca-*

*fé noir*? Angeblich vagabundierte Balzac durch Paris, immer auf der Suche nach der besten Kaffeemischung, bis er sie fand: eine Mischung aus Kaffee der Île Bourbon und aus Martinique und einem Mokka aus dem Jemen.

Der junge Mann hat an diesem Tag schon zu viel Kaffee getrunken und gibt dem *garçon* den Hinweis: *allongé*. Und schon bekommt er seinen Espresso mit einem kleinen Becher heißem Wasser serviert. Ich weiß nicht, ob Balzac seinen Kaffee zuckerte. Für die Süßen unter den Kaffeetrinkern wird zum Kaffee weißer oder brauner Zucker gereicht. Manchmal wird er mit einem Glas Leitungswasser angeboten. Oft gibt es ein Täfelchen schwarze Schokolade dazu. Kein Essen endet ohne den kleinen Schwarzen – da ist die Schokolade fast wie das Dessert. Für die ganz Süßen gibt es seit einigen Jahren den *café gourmand*, einen Espresso, der mit drei bis vier kleinen Leckereien zusammen serviert wird, wie z. B. mit Schokoladenkuchen, mit Crème brulée, einer Eiskugel oder einem Sorbet. *Café gourmand* ist meist etwas für die Mittagszeit. Bei einem ordentlichen französischen Abendessen würde man das Dessert nicht unbedingt so verkleinern und diversifizieren. Und doch, ich muss zugeben, ich bestelle ihn oft, egal, wie spät es ist. Auf der Suche nach den besten *cafés gourmands* der Stadt wird schon mal eine Location nach der anderen probiert. Hätte es den *café gourmand* zu Balzacs Zeiten gegeben, hätte er ihn in seinem Text *Traité des excitants modernes* (*Abhandlung über zeitgenössische Aufputschmittel*) sicher verewigt: als Suchtmittel.

## CAGOUILLARD

Am Dorfplatz von Segonzac im Schatten der Bäume hielt mein Urgroßvater Gaston jeden Tag aufs Neue nach getaner Arbeit ein ausführliches Schwätzchen mit Guy Jeanneteau, dem langjährigen *maître de chais* des von Kennern geschätzten Cognac-Guts Frapin. Beide hatten es sich auf einer Bank gemütlich gemacht, und ihre Unterhaltung drehte sich stets um ein Thema: den perfekten Cognac-Genuss. Guy erzählte, wie man möglichst lange das Aroma und das unübertroffene Parfüm riechen, das ballonförmige Glas in den Händen halten und so den Moment hinauszögern muss, in dem man den guten Tropfen genießen kann. Gaston ergänzte aus der Sicht des Schreiners und erinnerte an das beste Holz für die Lagerung des Cognacs – Eiche, die lange draußen gelagert hatte, dem Regen, dem Frost und der Sonne ausgesetzt, bevor sie zu Fässern verarbeitet wurde. Guy betonte das Gleichgewicht der Aromen, an dem er lange in seinem Zimmer auf dem Gut hinter der Dorfkirche arbeitete und das er als *maître* beständig kontrollierte. Oft setzten sie die Unterhaltung bei einem *apéro* fort. Ihre Frauen mussten zu Hause noch ein bisschen auf sie warten, sie waren ins Gespräch vertieft. Schließlich ging es um etwas Wichtiges. In der Charente trinkt man gerne einen *ballon de rouge* oder einen *pineau* zum Aperitif. Guy Jeanneteau sprach einen herzlich gemeinten, typisch französischen *santé*-Spruch aus und philosophierte weiter über sein *métier de cœur*, seinen Herzensberuf, den er neununddreißig Jahre lang ausübte. Er war von der alten Schule, spätere Generationen von Cognac-Arbeitern würden auf seinem

Werk aufbauen. Gaston fragte ihn über die komplizierte doppelte Destillation aus, die ein feineres, wesentlich geschmacksintensiveres Ergebnis liefert. Die Bezeichnung *Maître de chais*, Kellermeister, ist nicht ganz korrekt, da Cognac nicht in Kellern gelagert wird, sondern in großen Hallen, Speichern oder Scheunen. Er »orientierte« in diesen Speichern den Cognac, ein Ausdruck, der meinem Urgroßvater so gut gefiel, dass er Guy stets als Schiffskapitän bezeichnete, der die Richtung vorgab, in die der Cognac altern sollte. Guy arbeitete in Demut und in Respekt vor der zu schaffenden Qualität und war getrieben vom Bedürfnis nach Kontinuität – ebenso wie Gaston in seinem Beruf als Schreiner.

Im *patois*, dem Landesdialekt der Charente, nennt man solch einen Menschen *cagouillard*. Der ungewöhnliche Ausdruck stammt von *cagouille*, die Weinbergschnecke. Diese bewegt sich in Zeitlupe, ohne Eile und Hetze. Der Überlieferung nach bewegt sich der typische *charentais* in ebendieser Art und Weise. Gerade für die Cognac-Herstellung ist Zeit ein wichtiger Faktor. Zeit, das Leben zu genießen, seinen Cognac altern zu lassen, in Ruhe, seine kleinen Gerichte zu kochen, die Ernte einzuholen, Zeit zu leben. Zeit, die Perfektion zu erreichen? *Cagouillard*, also wie eine langsame Schnecke sein, könnte auch als Schwäche gelten. Doch mein Urgroßvater Gaston und der *Maître de chais* von Cognac Frapin waren sich einig, gerade dies ist das Geheimnis: Aus seinen Schwächen eine Stärke machen. Eines haben die beiden mir bewiesen: Dass man stundenlang über Cognac philosophieren kann. Und dass man sich Zeit nehmen muss. Gaston gab diese Philosophie seinem Enkel weiter und dieser an mich. *Merci*.

## CAMARADERIE

*Kameradschaft*

*»Ah, lui, c'est mon camarade pour la vie«,* sagte mein Urgroßvater Gaston über seinen Kriegskameraden Jean-Marie, und ich glaubte ihm diese tiefe Verbundenheit aufs Wort. Wer im Ersten Weltkrieg gemeinsam an der Front stand, der hält *camaraderie* hoch. Jean-Marie tätschelte ihm die Hand, sie waren sich einig über den »Bund fürs Leben«, den sie da vor siebzig Jahren eingegangen waren, damals in den Gräben. *Camaraderie* ist, so erklärte er mir, mehr als Freundschaft, es ist bedingungslose Solidarität in einer speziellen Situation, wie sie nun mal im Krieg herrscht. Das vergisst man nie.

Heute hat die *camaraderie* in Frankreich beim Militär, bei der Polizei, bei einer Berufsgruppe oder beim Sport ihren festen Platz. *Camaraderie* meint den Geist der Kollegialität, den Zusammenhalt, die dynamische Energie, die eine Gruppe vereint. *Esprit de camaraderie* hat man, oder man hat ihn nicht. *Camaraderie* ist etwas, das man gerade in schwierigen Zeiten hochhält. Dieser Geist macht vieles möglich, öffnet die Herzen, macht gedanklich beweglich, weil man etwas gemeinsam tut. Er stiftet ein Gefühl der Zusammengehörigkeit, bei dem es um höhere Interessen geht, während die eigenen zurücktreten. Aber: was hat wohl damals mein Urgroßvater gedacht, als er nur »der Soldat« war und nicht mehr Gaston Carraud? Waren es die Opfer, die man von ihm verlangt hat, wert?

## CENTRALISATION

*Zentralismus*

Ich gehe mit meinem Freund Olivier spazieren, beobachte die Möwen an einem frischen Frühlingstag am Pont de Bercy und wende meinen Blick auf das nach dem *nouveau-Louvre*-Prinzip gebaute Ministerium für Finanzen. Eines der Gebäude ist nach Colbert benannt, ein anderes nach Vauban. Wer hat sich das denn ausgedacht? Ausgerechnet Colbert, Finanzminister unter dem Sonnenkönig Ludwig XIV., und Vauban, sein Festungsbaumeister ... Beide Namen stehen für grundsätzlich unterschiedliche Denkweisen in Bezug auf die Staatsfinanzen – besser hätte man Frankreichs innere Zerrissenheit nicht darstellen können. Der eine, Vauban, wollte soziale Ungerechtigkeiten aufheben, der andere, Colbert, den Reichtum des Staates erhöhen. Zugegeben: Ludwig XIV. und seine Verschwendungssucht liegen lange zurück. Doch gerechte Verteilung ist in Frankreich bis heute ein großes Thema, wofür vehement gekämpft wird. Das heißt, eigentlich geht es nicht direkt um die Verteilung, sondern vielmehr: Von wo aus wird verteilt? Und wohin? Die Entscheidungen wurden in Frankreich zu lange von oben nach unten, von Paris in die verästelten Zweige der Provinzen diktiert, als dass es nach den neuen Gesetzen der *décentralisation* in den 1980er Jahren grundsätzlich anders hätte werden können. Immer noch wird vom zentralen Punkt Paris aus das meiste entschieden. Ja, Paris ist *gourmand*, nach wie vor konzentrieren sich die Eliten aller Bereiche in der Hauptstadt, und jeder, der wichtig ist oder sich dafür hält, wird im Laufe seines Lebens nach Paris kommen. Franzosen sagen: *monter á Paris*. Das hat mit der tatsächlichen Geographie nichts zu tun. Egal, ob sie von Norden oder Süden kommen: Nach Paris kann man nur hinauf-, nie hinabsteigen. Paris ist der Archetypus, das Licht, der Gipfel, die obere Spitze der Pyramide, zu der man hinaufsteigt, der Ort allen Wissens und der Macht. Schauspieler oder Sänger feiern ihren erfolgreichen Aufstieg als *la montée à Paris*. »Alles, was gut ist für Paris, ist gut für Frankreich!«, meint Olivier lachend. Paris ist der Kopf, die Provinzen sind der Körper. Was für ein Strukturprinzip! Ich sehe die Möwen über meinem Kopf kreisen und überlege, woher sie kommen, das Meer ist zwei Stunden Autofahrt entfernt. Die frische Meeresbrise des Atlantiks bringen sie leider nicht mit, die Gerüche der Seine unterscheiden sich doch sehr von denen aus Deauville oder Saint-Malo. Ich setze mich mit Olivier auf eine gusseiserne Bank auf dem Seinequai. Eigentlich müsste man der Revolution die Schuld geben, meine ich provozierend. Die Revolution wollte Freiheit für alle, gleiche Pflichten, gleiche Gesetze. Sie ist der Ursprung für die *décentralisation*. Weg mit dem lokalen Individualismus, her mit Vereinheitlichung. Das ist eigentlich ganz schön autoritär, finde ich. Olivier neckt mich. Er weiß, ich bin in Saint-Germain-en-Laye gegenüber dem Schloss aufgewachsen, in dem Ludwig XIV. geboren wurde. Es gibt gleichermaßen Kritik wie auch Faszination für diesen machtbesessenen, narzisstischen König. Aber am Ende der Diskussion sind Olivier und ich uns einig: *laissez-faire* ist attraktiver. Heute gibt es neben Paris das »kleine Frankreich«: die neuen Regionen Auvergne-Rhône-Alpes, l'Occitanie, Val de Loire und Bourgogne, Grand Est, Normandie, Bretagne oder Provence und Hauts de France, und nicht zu vergessen: Nouvelle Aquitaine, Corse, Réunion und die Outre Mers-Départements.

## CHAMPAGNE

*Champagner*

Der prickelnde, belebende, perlende Champagner wird in Frankreich gerne *champ* abgekürzt. Es gibt einen gar nicht kleinen Unterschied zwischen dem edlen Getränk aus dem Nordosten Frankreichs und Spumante, Sekt oder Crémant, wie ich schon als Kind lernen konnte. Meine Familie besaß in der wunderbaren Champagne, die dem Getränk den Namen verliehen hat, ein Landhaus. Es lag mitten in dem 35 000 Hektar großen Anbaugebiet und gehörte zu L'Épine, dem kleinen Dorf mit seiner von Victor Hugo bewunderten Basilika Notre-Dame, 45 Kilometer südöstlich von Reims. Zwar gaben wir das Haus später auf, dennoch blieb die Champagne mit ihren weiten Weinfeldern und den Mohnblumen, die schon Renoir zu seinen Bildern inspirierte, immer mit unserer Familie verbunden – gab es doch so viele Familiengeschichten rund um L'Épine zu erzählen und natürlich hatten wir immer unseren Lieblingschampagner bei den Familienfesten.

Da Felder mit drei Rebsorten unser Haus umringten – der weiße Chardonnay, der rote Pinot noir und der Pinot Meunier –, mussten wir uns entscheiden. Die drei standen für Aroma, Fülle und Fruchtigkeit, lehrte mich mein Vater, wobei ich mir unter »Fülle« nicht so viel vorstellen konnte. Eines begriff ich damals aber schon sehr wohl, dass Champagner für die Liebe, die Feste und das Leben stand. Die Frauen der Familie mochten den farblich klassischen Champagner, der nur aus weißen Chardonnay-Trauben gewonnen wird, den *Blanc de Blancs.* Meine Mutter allerdings bevorzugte den Rosé, einen etwas rötlicheren Champagner, der zu dieser Zeit noch nicht so in Mode war. Mein Vater achtete auf höchste Qualität und liebte den *Grand Cru,* oder *Premier Cru,* der aus klassifizierten Lagen stammt. Kenner war, wer auf Familienfesten die Namen der Dörfer aus diesen besten Lagen nennen konnte, was ich als Spinnerei abtat, meinen Vater aber faszinierte. Dass Champagner mit dem Alter nicht besser wird – bis auf die *Millésime,* die sogenannten Jahrgangs-Champagner vielleicht –, gab meinem Vater die Berechtigung, bei wichtigen Ereignissen unseres Familienlebens jeweils eine Flasche oder zwei aus dem Keller zu holen. Sie lagen flach, nicht zu kalt, und warteten in der Dunkelheit still auf diese Momente. Diese Champagnerflaschen, die mit einem dunklen »Plop« geöffnet wurden, begleiteten unsere Familie durchs ganze Leben. Mein Vater pflegte zu sagen: »Ruhe bewahren und Champagner trinken!« Das scheinen viele Franzosen ihm gleich zu tun, denn wir stehen mit unserem Champagnerkonsum an oberster Stelle und trinken zehnmal so viel wie z. B. die Deutschen. *Santé!*

## CHANSON

*La vie en rose, non, je ne regrette rien, je t'aime moi non plus.* Egal aus welcher Epoche, die französischen Chansons haben meist mit Liebe zu tun. Liebe ist schon fast zu vorsichtig ausgedrückt. Das Chanson, das ist ein kleines Drama. *Mon amour* oder *adieu,* Liebesglück oder Liebesleid in drei Minuten. Meine Großmutter Renée hörte die Chansons von Herzschmerz-Maurice Chevalier, dem gefühlvollem Tino Rossi, Mistinguett, Josephine Baker, Charles Trenet oder Edith Piaf. Sie alle waren aus einer Zeit, in der Jazz und Swing das Chanson sehr stark beeinflussten. Meine Großmutter hatte wenig Gelegenheit, sie in Cafés und Cabarets zu hören, wo die *chansonniers* auftraten. Dafür besaß sie in der Nachkriegszeit ein besonderes Möbelstück, eine Mischung aus Bar, Plattenspieler und Radiogerät. Ich erinnere mich, wie sie die Schallplatte aus der Hülle holte, mit dem Staubtuch über die Oberfläche wischte, sie auf den Teller legte und langsam mit dem Zeigefinger die Nadel hob, um sie auf die schwarzglänzende Oberfläche zu setzen. Schon kratzte die Nadel Rille für Rille ab und zauberte den unvergesslichen rauen Chanson-Ton hervor. Meine Eltern hörten in den 50er und 60er Jahren Boris Vian mit ihrem Lieblingslied *Le déserteur*. Die stets schwarzgekleidete Juliette Gréco, Muse der Existentialisten, beeinflusste den Stil meiner Mutter. Mein Vater mochte vor allem die Chansons von Georges Brassens und dem Belgier Jacques Brel, auch Gilbert Bécaud mit den Liedern *Monsieur 100 000 volt* und *Nathalie*. In der folgenden Generation gab es viele Nathalies … Charles Aznavour, Georges Moustaki, Leo Ferré, Henri Salvador, Dalida, Marcel Mouloudji und Barbara – sie alle gaben sich ein Stelldichein im Mitte der 50er Jahre umgebauten, legendären *Olympia*, der Pariser Music Hall, die der Gründer des *Moulin Rouge* errichtet hatte. Meine Mutter – in spitzen Schuhen und im engen Etuikleid, die Haare hochgesteckt – wurde von meinem Vater dorthin ausgeführt. Die Chanson-Erlebnisse ihrer Pariser Abende waren für beide unvergesslich.

Jede Generation hat ihre Musik. Meine wurde stark vom Rock'n'Roll beeinflusst. So lehnten wir zu dieser Zeit fast alle französischen Sänger grundsätzlich ab, egal ob Johnny Hallyday, Jacques Dutronc, Michel Polnareff, Joe Dassin oder Julien Clerc oder die bekannten Sängerinnen Françoise Hardy, France Gall oder Sylvie Vartan. Über Serge Gainsbourg und Jane Birkin mockierten wir uns. Salvatore Adamo, Mireille Mathieu, Claude François, Nicoletta, Daniel Balavoine rutschten immer weiter in die Schlagerrichtung – auch sie waren für uns ein *no-go*. Erst als manche Interpreten die Tradition des kritischen Chansons aus dem 19. Jahrhundert mit Musik aus der Karibik, Lateinamerika und Rock-Elementen verbanden, fing es an, wieder interessant zu werden. Renaud sang gesellschaftskritisch, wie auch der aus Algerien stammende Patrick Bruel. Die Musik aus den ehemaligen Kolonien reizte uns, ebenso wie Künstler aus der Provinz, z. B. die aus Lothringen stammende Patricia Kaas, oder der Algerier Raï. Die jungen Künstler flochten Elemente aus Folklore, Swing, Jazz und Blues in die klassischen Chansons ein. Es gab eine erste Chansonwelle und auch später eine *nouvelle chanson*, die alles rehabilitierte, was davor an den Chansons verpönt war.

Brel

Juliette Gréco

Edith Piaf

George Brassens

Charles Aznavour

Serge Gainsbourg

Zum Glück, denn sonst hätte ich für mich nicht die wunderbaren Lieder *Je t'aime ... moi non plus* von Gainsbourg oder *Poupée de cire, poupée de son* von France Gall, *La vie en rose* von Edith Piaf wiederentdeckt. Es wäre jammerschade gewesen.

## CHARME

Pierre holt tief Luft, schlägt die Augen auf, schaut gen Himmel, dann wieder auf den Lac d'Annecy mit den ihn flankierenden Bergen. Die Sonne scheint ihm ins Gesicht. »Welche Magie des Wortes! *Charme. Charme à la française.* Ja, das ist es, ich bin ihrem Charme verfallen. Es ist etwas anderes, es ist mehr als das, was mir an ihr gefällt. Es ist das, was mich verführt, was mich anzieht. Es ist die Energie, die mich dazu bringt, sie attraktiv zu finden. Kein Wunder, wenn ich von dir erfahre, dass *charme* vom Lateinischen *canere* kommt, singen. Ja, die Melodie macht, dass ich mich angezogen fühle, dass ich ihre Nähe wünsche, ihre Nähe suche, mich in sie verliebt habe.«

»*Charme à la française,* Pierre, du Romantiker. Komm runter von deiner Wolke. *Charme à la française* haben Dinge, Häuser, Restaurant, ein Hotel«, entgegne ich ihm. »Nein, *charme à la française* ist vor allem der Charme einer Person – es ist – sie. Charme kann auch nur eine Frau haben, wenn du mich fragst.«

Pierre schwebt weiter auf seiner rosaroten Wolke, und ich frage mich: Wenn die Französin Charme hat, was hat dann der Franzose? Der Franzose hat keinen Charme, er ist ein Charmeur. Er macht anderen schöne Augen, interessiert sich für sie. Er hat Witz, strahlt Enthusiasmus und Heiterkeit aus und flirtet gerne. Er mag sich und andere, macht Komplimente, aber nicht zu viel. Das Interesse am anderen macht das gewisse Etwas aus. Der Charmeur ist aber nicht der Herzensbrecher, Weiber- oder Frauenheld, Verführer oder Playboy. Er ist all das höchstens in abgeschwächter Form. Ein Schmeichler, ein betont liebenswerter Schmeichler.

Franzosen sind also Charmeure. Komisch, Charmeur ist nur auf Männer zu beziehen. Charmeuse gibt es nicht. Französinnen haben Charme. Einen ganz speziellen, einen *charme à la française,* wie Pierres Flamme.

## CHAUVIN

Ob es den heldenhaften Soldaten Nicolas Chauvin Ende des 18. Jahrhunderts tatsächlich gegeben hat, bleibt ein Rätsel. Für seine Taten soll er von Napoleon persönlich geehrt worden sein. Und fortan wurde er zum Nationalhelden. Die Figur bleibt mysteriös und wurde in der Nach-Napoleonischen Zeit – z. B. in populären Komödien – heftig aufs Korn genommen. Was ich aber weiß, ist, dass Teile Frankreichs *chauvin* sind, übertrieben nationalistisch. Frankreich sei *le mieux,* das Beste, die eigene Region *le mieux,* die eigenen Produkte *le mieux,* die eigene Küche *le mieux,* heißt es da. »Sehr französisch und echt anstrengend!«, meint meine Tante Jocelyne. Sie erinnert daran, dass die französische Küche zwar auf die

UNESCO-Liste der immateriellen Güter aufgenommen wurde, aber mit dem Hinweis, dass man bitte Einflüsse aus aller Welt berücksichtigen möge, entsprechend der heutigen Realität. Chauvinismus ade!

## CIDRE

»Bitte in Gummistiefeln.« Für den ersten *passage de pommes*, also den ersten Durchgang über die Obstwiese, um die herabgefallenen Äpfel aufzusammeln, bittet uns unsere Nachbarin Marcelle, in Gummistiefeln zu erscheinen. »Die *rosée du matin* ist noch zu spüren, obwohl es schon Mittag ist. Die Herbstsonne ist nicht mehr so kräftig. Nicht, dass ihr nasse Füße bekommt!«, meint sie. »Hier habt ihr die Jutesäcke. Passt auf, dass ihr keine faulen Äpfel aufsammelt, achtet auf die schadhaften, dunklen Stellen. Die sind unter dem Rot und Grün manchmal schwer zu erkennen.« Adleraugen hat Marcelle – kein Wunder, sie macht das seit ihrer Kindheit auf dem Hof ihrer Eltern, den sie vor elf Jahren übernommen hat. »Schau, du kannst auch eine Riechprobe machen. Mach die Augen zu und rieche an diesem Apfel. Wie intensiv sein Aroma ist! Dieser Apfel ist wirklich reif. Den nehmen wir.« Marcelle ist in ihrem Element. Die Apfelernte ist der Höhepunkt des Jahres, fünfundvierzig Bäume hat sie. Sie hat die Flaschen bereits vorgewaschen und mit dem Hals nach unten in große Kübel gestellt. Beim Markthändler hat sie beste Korken aus Südfrankreich sowie einige Rollen Eisendraht vorbestellt. Die Korken werden nach dem Befüllen von ihr höchstpersönlich mit der Hand festgedrahtet – keinen anderen lässt sie an diese delikate Handarbeit heran, seitdem vor einigen Jahren ein paar Flaschen, die zu locker gedrahtet waren, hochgegangen sind. Die bekanntesten Cidres mit dem besten Gleichgewicht von Zuckergehalt und Bitterkeit, Säure und Alkoholgrad kommen zwar aus der Normandie und der Bretagne und haben sogar kontrollierte Herkunftsbezeichnungen (AOC) wie *Pays d'Auge* oder *de Cornouaille*, doch wir befinden uns in dem Loire-Département Sarthe. Es gibt viele Typen und Gegenden, und je nach Bodenbeschaffenheit, Apfelsorte und Klima findet jeder seinen Lieblings-Cidre. Wir fanden unseren bei Marcelle. Unsere Liebe zu ihrem Cidre hat sicher auch damit zu tun, dass wir im Herbst Teil der Erntemannschaft sein dürfen, die ansonsten aus den Nachbarn besteht, was wir Pariser nicht nur als Abwechslung, sondern auch als Auszeichnung empfinden. Dem ersten *passage de pommes* folgen noch weitere. Jedes Mal ruft uns Marcelle über den Zaun und erinnert uns an die Gummistiefel. Sie presst die Äpfel im Keller und lagert den gewonnen Saft im trockenen, kühlen Raum, bis sich die Sedimente abgelegt haben und sie an die *clarification*, den Vorgang des Klärens, gehen kann. Wenn der Cidre fermentiert ist, wird in die Flaschen umgefüllt und bekorkt, dann sind wir meist wieder dabei. Marcelle verzichtet auf Etiketten für ihren Cidre. Doch wir kennen ihn als *Cidre fermier*, der auf Zusatz von *gaz carbonique* verzichtet, als charakterstarken *Cidre brut* und als *Cidre traditionnel* ohne Wasserzusatz und mit wenig Zuckergehalt, der perfekt zu hellem Fleisch oder Fisch oder Crêpes passt. Da Cidre sich zwar hält, aber mit dem Alter nicht besser wird, zögern wir nicht, unsere Kochgewohnheiten unserem Vorrat anzupassen, und ihn auch mal für eine sehr gute Sauce zum Hasenbraten mit Äpfeln und Maronen zu verwenden. Marcelle lässt sich von ihrem Cousin aus der Normandie den *Eau de vie Calvados, Cidre doux* und auch *Poiré*, die Birnenvariante des Cidres, liefern. Dieser hat weniger Alkoholgehalt, ist fruchtiger und leicht; wir trinken ihn gerne im Sommer als Aperitif. Wir sitzen unter den Apfelbäumen, schauen nach oben in die Äste voller Früchte, hoffen, dass uns keiner auf den Kopf fällt, und freuen uns auf die nächste Ernte.

## COGNAC

Nahe der Atlantikküste, etwa hundert Kilometer von Bordeaux entfernt, liegt Segonzac, der kleine Ort bei Cognac, aus dem meine Großmutter stammt. Cognac mit seinen 20 000 Einwohnern ist vor allem als Namensgeberin des berühmten Weinbrands bekannt. Einen Hauch Meeresluft bringt die Charente mit sich, eine der Hauptverkehrsadern der galloromanischen Zeit, die durch den Ort fließt. Die Abkühlung ist willkommen, da sehr heiße Sommer die Region prägen. Aromatisches Obst und Gemüse und auch die vielen, für den Cognac wichtigen Trauben profitieren davon. Sie reifen in diesem Klima bestens heran. Dort, in der Charente, ist man gewohnt, nach einem guten Essen ein Glas älteren Cognacs zu genießen. Mein Vater meinte, ein hochwertiger Cognac müsse sich entfalten, so wie ein Schmetterling seine Flügel entfaltet. Er bewahrte immer eine Flasche besten Cognacs im

PLATS
DU
JOUR

großen *confiturier*, einem Marmeladenschrank, auf. Der edle Tropfen war an die fünfzig Jahre alt. War ich zu Besuch, so nahm er die Schwenker aus der alten Vitrine und schenkte den Cognac langsam und bedächtig ein. Er zelebrierte dies regelrecht, hielt mein Glas in seinen großen Händen und gab der braungoldenen Flüssigkeit die Wärme, die es für den perfekten Genuss braucht. Sein Blick war immer voller Güte, wenn er mir das Glas schließlich überreichte und ein Gespräch über Gott und die Welt und die Eigenschaften eines guten Cognacs begann. Wir konnten auch gut gemeinsam schweigen. Er brachte mir bei, den Augenblick zu genießen, im Hier und Jetzt zu leben, nicht an die Vergangenheit und nicht an die Zukunft zu denken. Wir blickten in die bernsteinfarbene Flüssigkeit und sogen den zarten Duft des hölzernen Fasses ein, in dem sie gereift war. Das war die Philosophie des *savoir-vivre,* die er mir geschenkt hat.

## COQ
*Hahn*

Wird ihnen mit den Jahren nicht schwindelig? Lustig, wie viele Hähne hoch auf einem steinernen Obelisken stehen. Meist haben sie die Flügel leicht ausgebreitet. Manchmal scheinen sie zu krähen. Als ewiges Zeichen französischen

Patriotismus' repräsentieren sie ihr Land, landein, landaus auf unzähligen Monumenten, in unzähligen französischen Dörfern und Städten. Dabei ist der Hahn gar nicht gefragt worden, ob ihm das recht ist. Auch nicht, ob es ihm gefällt, fast allen französischen Sportverbänden – ob Fußball, Rugby, Handball oder Hockey – als Wappentier zu dienen. Ich erinnere mich an Peno, das Maskottchen der Fußball-Europameisterschaft 1984. Oder den schönen Jules, der die Mannschaft der *bleus* 1994 unterstützte. Der Hahn kündigt als bäuerlicher Compagnon den Tag und das Ende der Nacht mit einem stolzen *cocorico* an. Er ist das Symbol des Volkes und Vaterlandes, *la patrie.* Die Revolution hat ihn als Ersatz für den *Lys de France,* die französische königliche Lilie, auf alle Insignien katapultiert. Natürlich musste Napoléon Bonaparte ihn später durch einen Adler ersetzen. Heute verdrängt ihn Marianne in vielen Bereichen – ist ja klar, sie ist viel schöner und eleganter.

## COQUETTERIE

*Eitelkeit – in Bezug auf das Äußere*

Die vermeintliche Eleganz der Französinnen hat noch eine kleine Schwester: *la coquetterie. Coquetterie* ist Gefallenwollen. Die *coquette* – meist ist sie weiblich – achtet auf eine gepflegte Erscheinung, setzt sich gern in Pose und will vor allen Dingen eines: verführen. Hübsch, adrett, gepflegt, gut, gewählt und mit Geschmack angezogen ist die *coquette* nett anzusehen. In den klassischen Komödien an der Comédie de Paris gibt die Schauspielerin Odile Raveneau die Figur der *co-*

*quette*. Es gibt immer eine *coquette*, sei es in den Komödien, sei es im Film. Odile erscheint so aufgehübscht, dass die Figuren wie auf sie zugeschnitten sind. Odile mag auf manche etwas zu gewollt, manchmal übertrieben, manchmal gar frivol wirken. Doch ihre *coquette*-Rolle spielt sie wunderbar.

## CRÊPES

Das beste Crêpes-Rezept hat mein Vater lange für sich behalten. Ich fragte mich lange, wieso seine Crêpes leichter und fluffiger waren als meine, obwohl wir angeblich dasselbe Familienrezept besaßen. Zum Glück kam ich eines Tages beim gemeinsamen Backen seinem Geheimnis auf die Spur. Crêpes bestehen aus Mehl, Eier, Wasser, Milch und etwas Salz oder Zucker. Andere fügen Bier, Cidre oder Calvados hinzu, unsere Familie immer etwas Rosen- oder Orangenblütenwasser. Mein Vater trennte die Eier und schlug das Eiweiß auf, bevor er es zum Teig gab. Das verlieh dem Crêpes-Teig eine sehr leichte Konsistenz und machte den kleinen, aber feinen Unterschied aus.

Wir haben unsere Crêpes sowohl warm als auch kalt gegessen. Die mit süßer Füllung wie Puderzucker, Honig, Schokoladencreme oder Marmelade gab es als Dessert, manchmal noch mit einer Kugel Vanilleeis. Als eigene Mahlzeit genossen wir die salzigen, die mit Champignons und Specksauce gefüllt waren. Besonders aber liebten wir Lucies Crêpes. Sie war eine Freundin der Familie und kam aus der Bretagne. Sie buk die feinsten dunklen Crêpes, die sie mit *farine de sarrasin*, einem dunklen Buchweizenmehl, und nur mit Wasser und Salz zubereitete. Sie hießen *galettes.* Lucie servierte ihre *galettes* mit salziger Butter aus ihrer Heimat, wie es sich für eine Bretonin gehört. In die *galette* selbst gab sie beim Backen noch feingeschnittene, zuvor geröstete Wurst oder geriebenen Käse. In Frankreich findet man überall in Crêperies und an den Crêpes-Straßenständen viele Varianten der *galettes.*

Crêpes gehörten für uns auch bei einem besonderen Fest immer dazu, *La Chandeleur.* Das ursprünglich heidnische, später christliche Fest findet am 2. Februar statt, und erinnert 40 Tage nach Weihnachten an die Darstellung des Herrn – besser bekannt als (Mariä) Lichtmess. Die angezündeten Fackelkerzen, *chandelles,* geben dem Fest seinen Namen. Traditionell werden an diesem Tag Crêpes gebacken. Mit ihrer runden Form steht die Crêpe symbolisch für die Sonne. Anlässlich des *Chandeleur* ist es üblich, als Zeichen der *fécondité* ein Geldstück in der Hand zu halten, während man die Crêpes gekonnt in der Luft wendet – dieser Brauch hat uns einmal ein kleines Familienchaos beschert. Mein Großvater warf die

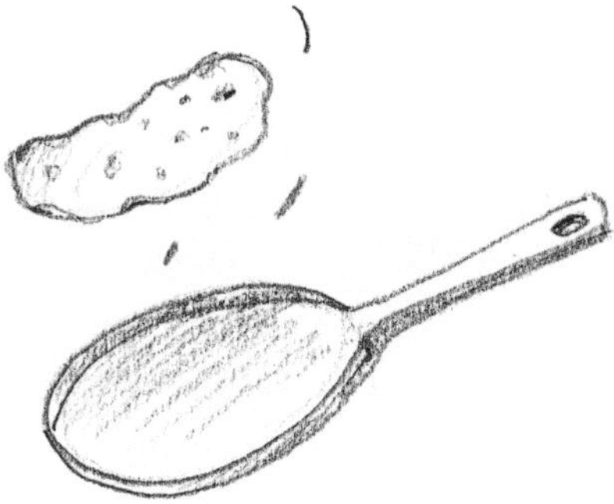

bereits mit Blaubeermarmelade bestrichene Crêpe so hoch, dass sie an der Decke kurz hängen blieb, bevor sie ihm auf den Kopf fiel. Unsere *Chandeleur*-Crêpes schmeckten wunderbar, allerdings musste später die Küche neu gestrichen werden.

## CUISINE

Matthieu, der bärtige Küchenchef des kleinen Restaurants im Hafenstädtchen Le Croisic an der bretonischen Küste, wird mit den Jahren immer dicker. Kein Wunder, er genießt das gute Essen in vollen Zügen. Seine Küche ist überaus beliebt, sein Lokal immer bis auf den letzten Platz besetzt. Wenn er nicht gerade in der Küche steht, unterhält er sich gerne mit den Stammgästen über seine Gerichte und die dazu passenden Weine oder er ist auf Lebensmittel-Einkaufstour. Essen spielt für ihn eine große Rolle, eigentlich die Rolle seines Lebens. Damit steht er nicht alleine – Essen ist in Frankreich lebensbestimmend. Die Mahlzeiten sind ein Ritual und erfolgen mit einer Regelmäßigkeit, die kaum zu übertreffen ist. Fast 2/3 des Landes geht um 12 Uhr 30 Mittagessen. Zu 80 % gibt es mittags und abends ein Menü, das aus einer Vor-, einer Hauptspeise und einem Dessert besteht. In den Schulen pflegt man das Mittagessen als Teil der Allgemeinbildung und veranstaltet jedes Jahr im Oktober eine »Woche des Geschmacks«, um die Kinder an die Vielfalt der Geschmäcker heranzuführen. Die eigene Küche wird hoch geschätzt. Der *repas gastronomique* hat es bekanntermaßen auf Betreiben der französischen Regierung auf die UNESCO-Liste der immateriellen Güter geschafft. Man war der Meinung, *»la cuisine, c'est de la culture«*. Gut essen, gut trinken, einen Moment des Genusses gemeinsam verbringen – das ist Teil der Tradition. Matthieu spricht es aus, und seine Gäste stimmen ihm zu: »Wir kaufen gern gute, möglichst regionale Produkte, suchen die Zutaten aufmerksam zusammen, kochen nach alten Rezepten, achten auf die passende Auswahl an Weinen. Wir decken gern einen schönen Tisch – das hat sehr viel mit Ästhetik, mit *arts de table* zu tun. Und dann die Unterhaltungen. All das gehört zusammen. Natürlich gibt es einen festgelegten Ablauf – man startet mit dem Aperitif und endet mit einem Digestif, dazwischen gibt es mindestens vier Gänge – Vorspeise, Fisch oder Fleisch mit den Beilagen, Käse und Dessert.« »*Alors*«, fragt Matthieu, »was nimmst du heute – den Meeresfrüchteteller oder lieber *blanquette de veau,* den Kalbseintopf nach dem Rezept meiner Tante Marie?«

## CUISSES DE GRENOUILLES

*Froschschenkel*

Ich weiß nicht, warum alle Welt – vor allem die Engländer – uns Franzosen als »Froggies«, Froschesser titulieren. Als gäbe es Froschschenkel auf jeder Restaurant-Tageskarte und als würde jede französische Familie am Wochenende auf Froschfang gehen. Natürlich hat Alain Ducasse sein Frittierte-Froschschenkel-Rezept und auch in den Supermärkten findet man Froschschenkel in der Tiefkühlabteilung. Und viele wissen, dass Froschschenkel mariniert in Zitronensaft mit Knoblauch und fein gehackter Petersilie am besten schmecken. Doch Frösche essen auch viele andere Nationen, europäische wie die Schweiz oder Belgien, asiatische und afrikanische. Warum also wir? Ich kenne fast niemanden aus meiner Familie und meinem Freundeskreis, der je Froschschenkel gegessen hätte, und erst recht niemanden, der es regelmäßig tut. Lasst uns also in Ruhe damit! Oder: Froggies aller Länder, vereinigt euch!

# D

## 2 CV – DEUX CHEVAUX

*Ente*

Thierry hegt und pflegt seinen grauen 2 CV. Er lebt schon immer in Paris und hat speziell für seinen 2 CV einen Tiefgaragenplatz angemietet. Ab und zu lässt er ihn raus, öffnet das grobe schwarze Faltdach und flitzt durch die Straßen von Paris. Das Fahrgefühl ist unbeschreiblich. Nimmt er die Kurven etwas zu schnell – was bei 30 Stundenkilometern schon mal passieren kann –, dann legt sich das Auto in die Kurve. Es fühlt sich an wie ein Cabriolet, ist es aber nicht. Es rattert und wackelt überall, ist aber so gut gefedert – für 1972, das Konstruktionsalter von Thierrys Citroën-Ente, allemal –, dass man irgendwie trotz tausend Hopser und Erschütterungen immer wieder auf seinem Platz landet. Thierry lacht, wenn er mir während der Fahrt nach Versailles die Geschichte vom Konstrukteur Lefèbvre erzählt. Der 2 CV soll-

te laut dessen Anweisung Platz für einen Bauern in Stiefeln, einen Zentner Kartoffeln und ein Fass Wein bieten. Und so gut gefedert sein, dass ein Korb voll mit Eiern die Fahrt übersteht. Das Aussehen war dabei unwesentlich. Klar, dass das erst von den Niederländern, dann von den Deutschen »Ente« genannte Auto für Lacher sorgte! Das hässliche Entlein war im Anschaffungspreis sehr niedrig, so dass sich viele Studenten eines kauften, auch Thierry. Seitdem fährt er selbst lange Strecken mit ihm und liebt es über alles. Kult ist sie geworden, die Ente, Gegnerin aller Statussymbole, gekürt zum Auto des 20. Jahrhunderts und nach dem Produktionsstopp Ende der 80er Jahre mittlerweile Oldtimer. Zum Glück haben wir unsere *Dodoche,* unseren 2 CV, so wie Deutschland seinen Käfer hat. Und ich erlebe ab und zu, *merci* Thierry, eine Enten-Fahrt quer durch Paris.

## DÉGUSTATION

*Verkostung*

In Frankreich sind wir Weltmeister in der *dégustation.* Die kostenlose Probe gibt es nicht nur bei Weinproduzenten, die ihre Keller zur Besichtigung freigeben, sondern auch beim Käsehändler, beim Gemüseverkäufer am Markt, eigentlich überall dort, wo Qualität geschmeckt werden kann. Bei einem Gang über den großen provenzalischen Markt von Sanary-sur-Mer können Sie hier ein bisschen Wildschwein-Saucisson, dort ein Stück Melone, hier noch die eingelegten Oliven oder die Tapenade probieren. Der junge Keks-Verkäufer bietet Ihnen seine Auswahl an Mandelkeksen an, die selbstgemachte Orangen-Marmelade von der älteren Händlerin nebenan schmeckt auch nicht schlecht. Ganz besonders angetan bin ich von den saftigen Fleischtomaten eines kleinen alten Mannes, der lediglich drei volle Kisten vor sich stehen hat und geht, sobald er alles verkauft hat. Auch er schneidet eine seiner großen Tomaten mit einem alten Laguiole-Zackenmesser und bietet mir ein Achtel zum Probieren an. Ich weiß nicht, wo sein Garten liegt, doch während ich das saftige Fleisch der Tomate genieße, stelle ich mir einen sonnigen Hang hinter Sanary vor, weit weg vom Touristenrummel, wo er seine Tomaten mit viel Liebe jeden Tag hegt und pflegt. Sie schmecken köstlich aromatisch, man merkt ihnen an, dass sie ohne Chemie aufwachsen durften. Doch so klein und persönlich findet eine *dégustation* nicht immer statt. Gegen eine *dégustation* hat niemand etwas einzuwenden, sie verpflichtet zu nichts, sie kostet den Händler wenig, und einen besseren Beweis für die Qualität der Ware gibt es kaum. Doch während man ein Gläschen zu sich nimmt, eine Olive oder ein Wurststück auf dem Zahnstocher hält, kann der Händler auf einen einreden, die Qualität anpreisen, die Herkunft erläutern oder noch Kombinationen anbieten, die mit der probierten Ware möglich sind. Man ist ihm ausgeliefert. Im nettesten Fall entsteht eine kleine Expertenrunde, wenn sich andere an der *dégustation* beteiligen, die Geselligkeit und Austausch unter Gleichgesinnten bietet. Eine *bonne dégustation,* also einen guten Appetit, wünscht uns auch die Bedienung im Restaurant, nachdem sie die Teller auf den Tisch gestellt hat. Wir essen also nicht nur, *nous dégustons* – köstlich!

## DELON UND BELMONDO

Eiskalter Todesengel im Trenchcoat, Borsalino-König, Filmgangster, Abenteuerheld, Womanizer und unwiderstehlicher Rebell: Das war Alain Delon. Es war in den 60er Jahren, als man mit Freunden in den angesagten dunklen Kinosälen der *Champs-Élysées* die Poster mit seinem Konterfei von den Wänden klaute und stolz darauf war. Das französische Publikum verfiel reihenweise seinem Charme, als er 1957 seine erste Filmrolle übernahm. Fast jeder seiner Kinofilme war ein Erfolg.

Der ehemalige Mitarbeiter der Pariser *Halles,* der alten Markthallen von Paris, verliebte sich bei Dreharbeiten in Romy Schneider. Das Glamour-Paar lebte nicht weit von unserer Wohnung in Paris und unterhielt uns in den Gazetten mit seinem Leben. Ich mochte Alain Delon, auch und gerade wegen Romy Schneider. Doch später verzieh ich ihm nur schwer seine Versuche als Sänger mit Dalida, obwohl er doch Pflegekind, Schulabbrecher und Indochina-Kämpfer war. Aber Dalida, das ging gar nicht. Und auch Hollywood schenkte ihm keinen nennenswerten, nicht einmal einen Achtungserfolg. Doch wozu Hollywood, wenn man Julius Cäsar in *Asterix bei den olympischen Spielen* verkörpern kann? Wenn man einen *Golden Globe,* einen *Bambi* und vor allem den französischen *César,* die *crème de la crème* der Filmpreise, gewonnen hat?

Und dann *notre Bébèl,* Jean-Paul Belmondo! Unser ewig junger Spitzbub und *grand charmeur,* der uns mit seinem Gassenjungengrinsen und seiner zerschlagenen Boxernase Film um Film um den Verstand brachte und zum Nationalsymbol wurde. Was ist er gerannt und geschlagen worden, ist geflüchtet, hat geküsst, geraucht und getrunken. Wie viele Male ist er gestorben? Sein Grinsen bis zum bitteren Ende in *Außer Atem* von Jean-Luc Godard hat ihn unsterblich gemacht. Frankreich hat ein paar Schauspielerlegenden – und dazu gehört ganz sicher er. Seine sizilianische Bohème-Herkunft – der Vater Bildhauer, die Mutter Balletttänzerin – sicherte ihm den Eintritt in die Filmwelt. Was wären meine Samstagabende in den Kinos der *banlieue* oder der Champs-Élysées gewesen, hätte nicht unserer *Bébèl* für uns gespielt?

Alain Delon

Jean Paul Belmondo

# E

## ÉCLAIR

Auf einem Silbertablett in der Auslage einer dieser wundervollen Pâtisserien Lyons lag ein längliches Brandteigstück, gefüllt mit einer wunderbaren Schokoladencreme. Der Überzug aus dunkler Schokolade war von einem solchen Glanz, dass mir das Wasser im Mund zusammenlief. Die junge Verkäuferin mit dem kurzen braunen Garçon-Schnitt, die mich bediente, hatte es zuvor vorsichtig mit beiden Händen von der großen Platte gehoben, die ihre Kollegin ihr hinhielt. Ganz vorsichtig, damit das kleine Kunststück nicht zerbrach. Behutsam positionierte sie das weiße Spitzenpapier, ging einen Schritt nach hinten, legte ihren Kopf leicht zur Seite und betrachtete ihr Werk. Anschließend rückte sie das Gebäck etwas zurecht, leicht schräg, damit der Betrachter von außen einen optimalen Blick darauf hatte. Ich konnte meinen Blick fast nicht abwenden. Welch eine Verführung! *Éclairs au chocolat* sind unwiderstehlich. Lyon soll die erste Stadt sein, in der sie Mitte des 19. Jahrhunderts aufkamen. Das 19. Jahrhundert war das große Zeitalter der *pâtisseries* in Frankreich. Die ersten *éclairs* haben Pâtissiers so inspiriert, dass wenig später die dicke Schwester des schlanken *éclair*, die *religieuse*, entstand. Sie waren so begehrt, dass alle großen Pâtisserien in Paris *éclairs* und *religieuses* zubereiteten, neue Varianten erfanden und verkauften. *Éclair*, also Blitz, hießen sie wohl, weil man sie so schnell aß wie der Blitz, oder auch, weil der Glanz der Glasur dem des Blitzes ähnelte. Heute gibt es in Paris sogar Pâtisserien, die nur *éclairs* anbieten. Es gibt sie in Vanille-, Erdbeer-, Kaffee- und in noch vielen anderen Geschmacksrichtungen. *Bon appétit!*

## ESCARGOTS

*Schnecken*

»Endlich ist der 1. Juli, und wir können wieder Schnecken sammeln gehen.« Auf diesen Tag wartet François schon seit drei Monaten, denn solange die Schnecken sich fortpflanzen, ist das Sammeln für Privatleute verboten. Für professionelle Sammler ist es das ganze Jahr nicht erlaubt – wir Franzosen haben die Schnecken fast ausgerottet und müssen sie nun schützen. François nimmt uns mit in die Nähe von Dijon. Er will die Schnecken etwas weiter weg von den breit angelegten Rebenlandschaften suchen, denn dort wird oft gespritzt. Optimale Orte für die Suche nach Schnecken sind Hecken, kleine Mauern und feuchte Wiesenstücke. Der Burgund – wir sind hier im heiligen Land der Schnecken – steht

für eine der wichtigsten Zubereitungsarten von Schnecken in Frankreich. François ist Burgunderkind – er wird es wissen. Den ganzen Vormittag stapfen wir hinter ihm her und lassen ihn sammeln. Sein Eimer füllt sich langsam, und er scheint zufrieden – die Vorspeise für die Familienfeier am Sonntag ist gesichert. Schneckenzangen und -gabeln stehen bereit. Sein traditionelles Familienrezept orientiere sich an einem Rezept von Pierre Frédéric Borrel, der dieses 1825 in seinem kulinarischen Wörterbuch zum ersten Mal veröffentlichte, erzählt er uns. »Frisch, mit Kräutern, Knoblauch und feiner Butter«, so sollen sie zubereitet werden, seine *escargots de Bourgogne.*

## ESPRIT

*Esprit*

Ist es ein Segen oder ein Nationalfehler, was Franzosen *esprit* nennen, fragt sich eine Frau mittleren Alters und drückt ihren Einkaufskorb noch etwas enger an sich. Ich höre aufmerksam zu und schaue mich weiter in dem kleinen Laden am Marktplatz von Tours um. Einige Kunden stöbern so wie ich herum. Doch Olivenöl, Holzbrettern, Pasten, Messern, Tischdecken und Stoffservietten gehört nur meine halbe Aufmerksamkeit. Die Frau wendet sich an ihre Freundin: Witz und Geist – also *esprit* – seien zwar gut, aber man dürfe nicht zu weit gehen. Die richtige Balance sei wichtig: etwas Humor, etwas Finesse, Energie und Witz, aber nicht zu viel. Ihre Freundin entschuldigt sich, einen Nationalliteraten zitierend: Ja, sie wüsste schon, sie würde manchmal über das Ziel hinausschießen. Doch schon Balzac habe diese intellektuelle Fähigkeit geliebt und in vielen seiner Romane verewigt. Eine indirekte Anspielung, wie ein paar pikante Salz- oder Pfefferkörner in die Unterhaltung geworfen, kleine Sprünge in der Logik. *Esprit* sei ja keine böse oder beißende Ironie, kein Sich-lustig-Machen, aber auch nicht so phlegmatisch wie normaler Humor und nicht so trampelig wie Komik. Es seien die Zwischentöne, die das Spiel mit der Sprache interessant machen. Und schließlich gebe es immer mehrere Akteure. Sie beugt sich zu ihr vor und fährt mit gesenkter Stimme fort: »Natürlich ist der gesegnet, der beides hat, Witz und Geist. Und natürlich kann man sich das eine kaum ohne das andere denken.« Die beiden Freundinnen scheinen sich schon lange zu kennen. »Nun, der Witz ist durchaus nicht zu verachten und darf wohl mit zu Gerichte sitzen. Nur finde ich, Michelle, er darf nicht ausschließlicher Richter sein.« Sie erhebt wieder ihre Stimme und lacht auf. »Bei dir hier ist er es aber allzu häufig!« Sie kneift ihrer Freundin in den Bauch und streckt ihr die Zunge raus. Es scheint alles wieder gut zwischen ihnen zu sein. Ich verstehe die Andeutung auf eine grundtypische Eigenart meiner Landesgenossen. Geist und Witz gepaart, *esprit* genannt, hat manchmal starke Auswüchse. Witz überlagert den Geist, und schon kippt es in eine Richtung die für das Gegenüber unangenehm, verletzend, gar beleidigend sein kann. Überspitzt sagt der Franzose: *le ridicule tue,* das Lächerliche tötet. Das meint er durchaus ernst: Kann er doch mit seinem unwiderstehlichen Witz seinen Partner oder Gegner lächerlich machen. Und er ist sich sicher, dass ihm allein das Recht auf diesen Witz gebührt, umso größer ist die Verwunderung, wenn andere, womöglich Ausländer, mit geistreichen und witzigen Bemerkungen auffallen: »Nicht schlecht, *il a l'esprit français* – er hat französischen Esprit. Wahrscheinlich ist er eigentlich ein halber Franzose.«

Ich verliere Michelle und ihre Freundin bald im Marktgetümmel aus den Augen. Ich stelle mir vor, wie sie später zusammensitzen und weiter gemeinsam lachen werden.

## ÉTOILES

*Sterne*

Wir Franzosen lieben Sterne! Es muss etwas zu bedeuten haben, dass der *Kleine Prinz* von Saint Exupéry von Planet zu Planet reiste und dabei Sterne für ihn leuchteten. Und dass die wichtigste kulinarische Auszeichnung weltweit mit Sternen – den *Michelin*-Sternen – verliehen wird; je mehr Sterne, umso besser. Auch dass die roten Sterne auf weißem Hintergrund als Klassifizierung in der Hotellerie französischen Ursprungs sind. Wir Franzosen vergeben goldene Sterne für den französischen Film, zeichnen die besten Tänzer beim *Ballet de l'Opéra national de Paris* mit einem Stern aus, verleihen einen bis drei Sterne für junge Skifahrer, nennen eines unserer wichtigsten Segelboote der staatlichen Marine *Étoile,* und natürlich ignorieren wir konsequent die Umbenennung der *Place de l'Étoile* in Paris in *Place Charles-de-Gaulle* und sprechen weiter von unserem »Platz des Sternes«.

# F

## FAIT MAISON, ARTISANAL

*hausgemacht*

*Fait maison* bedeutet »hausgemacht«. In der Restauration gelten strikte Regeln, um diese Qualifizierung angeben zu dürfen: die Gerichte müssen vor Ort und frisch zubereitet werden. Ansonsten brüsten sich viele mit der Angabe *fait maison*: selbstgemachte Waschmittel, Konfitüre, Babynahrung oder Kleidung etwa. Bei *fait maison* wird auch stets suggeriert, dass man Geld spart und die Umwelt schont. Unter diesem Vorwand gedeihen die *fait maison*-Angebote überall. Man entkommt ihnen gerade vor Weihnachten nicht. Da gibt es *terrine de lapin fait maison, bougies parfumées faits maison, cadeaux faits maisons*. Und den *père Noël*, fügt meine Mutter lachend hinzu! Frankreichs väterliche Weihnachtsmannfigur mit weißem Bart, rotem Anzug und ordentlichem Bauch, die dem amerikanischen Santa Claus ähnelt und in der Nacht auf den 25. Dezember die Geschenke verteilt. Auch meine Kinder lachen. *Père Noël* steckte irgendwann einmal mit seinem Bauch in unserem Kamin fest, versank in grauer Asche und verschmutzte das halbe Haus. Die Feuerwehr musste ihn aus seiner misslichen Lage befreien und er sich seines roten Anzugs an Ort und Stelle und vor den Augen der aufgeregten Kinder und der Nachbarschaft entledigen. Ja, der war auch *fait maison* … Großvater in der Haut des missglückten *père Noël*.

## FÊTE NATIONALE

*Nationalfeiertag*

Sommer auf dem Lande: Der Nationalfeiertag am 14. Juli bedeutet für mich keine Militärparade auf den Champs-Élysées oder das Pariser Feuerwerk zu Ehren des Sturms auf die Bastille, sondern eine Landpartie. Es sind die Vorbereitungen im Dorf, der bunte Blumenschmuck an Brückenbögen und Fenstern, die kleinen Fackelzüge und ländlichen Feuerwerke, die es mir angetan haben. Und es ist der Tanz für jedermann auf dem Dorfplatz. Ich habe noch das Hämmern der Handwerker ein paar Tage vor dem großen Ereignis im Ohr, das Holzpodest sollte ja den Ansturm der Tanzbegeisterten aushalten. Am Nationalfeiertag lädt traditionell die Feuerwehr zum Ball. Der Ball war ursprünglich den Familien und Freunden der Feuerwehrleute vorbehalten. Meine Großmutter berichtete, dass das erste solcher Feste in Frankreich am 14. Juli 1937 in der Feuerwehr-Kaserne von Montmartre, dem berühmten Stadtviertel von Paris, stattfand. Das war ein Jahr nach der Geburt meines Vaters. Es muss ein rauschendes Fest gewesen sein; angeblich klopften Passanten ans Tor, um eingelassen zu werden. Im darauffolgenden Jahr wollten die anderen Pariser Stadtbezirke nachziehen. Das war die Geburtsstunde der traditionellen Bälle des *14. juillet* im ganzen Land. Auf einem solch volkstümlichen Fest zu Ehren der Französischen Revolution 1789 ist neben Tanzen und Feiern auch ausdrücklich das Flirten erlaubt. Am 14. Juli sind also meist alle ausgelassen und locker. Man rückt zusammen, schaut gemeinsam nach oben in den von bunten Lichtern erhellten

Himmel über unserer *grande nation*, teilt dieselbe Freude und denselben Stolz und kommt sich näher. Die Franzosen, die außerhalb Frankreichs leben, werden am 14. Juli etwas sentimental. Man ist nostalgisch und auch angreifbar an einem solchen Tag.

## FLUCTUAT NEC MERGITUR

*Elle est agitée par les vagues, battues par les flots,*
*mais elle ne sombre pas.*

Geschrieben auf weißen Stoffbahnen, auf Handzetteln, auf Plakaten, als Graffiti auf Wände gesprüht, in Zeitungen gedruckt. Den offiziellen Paris-Spruch holten nach den Terroranschlägen alle aus den Schubladen, weil er so passend war: »Sie ist von den Wellen geschüttelt, geschlagen von den Fluten, doch sie geht nicht unter.«

## FOIE GRAS

*Gänseleberpastete*

Köstlich auf geröstetem Weißbrot. Als Entrée, zu Festtagen, immer, wenn es etwas zu feiern gibt. Der Weinkenner in unserer Familie, Michel Rousseau, empfiehlt einen guten Sauternes oder einen Champagner dazu. Die »heilige Kuh Frankreichs«, *produit sacré*, wie die Gänseleber oft genannt wird, ist zwar das Symbol der französischen Gastronomie, hat aber auch in Frankreich viele Gegner. Es wird heftig gestritten um den *foie gras*. Der Handel wird – mit Hinweis auf das Milliardengeschäft und die damit verbundenen über 30 000 Arbeitsplätze – staatlich protegiert und gehört laut Gesetz zum geschützten Kultur- und gastronomischen Gut Frankreichs. Nach so viel *patrie* und Protektionismus sei hier ein Blick auf den Ursprung erlaubt. Erfunden haben den *foie gras* nämlich nicht die Franzosen, dafür ist er viel zu alt. Es streiten sich das Elsass und der Südwesten um den Ursprung der Tradition in Frankreich. Die von gewaltsam gestopften Gänsen oder Enten stammende Leber aus französischer Produktion wird zu zwei Dritteln von uns Franzosen gegessen. Kein Wunder, ist sie doch in vielen Länder dieser Welt tabu: in Kalifornien, Israel oder Brasilien beispielsweise. Vielerorts gilt dieses Tabu nur in Restaurants oder im Handel; nach wie vor ist der private Konsum erlaubt. Wie viele Menschen in Frankreich bin ich gegen die Stopfleber. Es gibt leckere, andere Terrinen und auch *faux gras* – eine vegetarische Variante.

## LA FRANCE
*Frankreich*

Über sieben Bezeichnungen zu haben für ein Land: Ich gestehe, das mag Außenstehenden etwas viel vorkommen. Doch zu *La France*, Frankreich, sagt man auch *La République* oder *La République française*, wenn man einen Hinweis auf die Staatsform benötigt. Abgekürzt – RF – findet sich das überall. Es gibt aber auch *L'Hexagone*. Hier wird auf die eigenartige Form des Landes (ohne seine Inseln und Überseegebiete) verwiesen, die wie ein Sechseck, also ein Hexagon, aussieht. Das kennt man von Bienenwaben, Kristallstrukturen oder – weniger romantisch – von Schrauben. Und da mein Land sowohl große Gesten als auch Symbole liebt, zeigen die Rückseiten der französischen 1- und 2-Euro-Münzen einen stilisierten Baum in einem Hexagon, und der Marschall von Frankreich trägt sieben Sterne auf den Schulterstücken im Sechseck angeordnet.

Frankreich ist aber auch *La Métropole* – das sagen zumindest die Bewohner der Übersee-, sprich *DOM-TOM*-Gebiete (Abkürzung für *départements d'outre-mer, territoires d'outre-mer*). Aus ihrer Sicht ist Frankreich *La France métropolitaine*. Ganz ohne Korsika betrachtet, ist Frankreich sogar *La France continentale*. Und ein Pariser bezeichnet die französische Provinz gerne als *La France profonde*. So als befänden sich in den Untiefen der Provinz undurchsichtige, schwer zugängliche Waldgebiete. Von Nostalgikern wird gerne die Bezeichnung *La Gaule* verwendet, die in Anlehnung an das lateinische *Gallia*, die alten Gebiete in Luxemburg, Belgien, Schweiz, Italien,

Deutschland oder Holland miteinbezieht. Man sieht, alles ist in Frankreich eine Sache des Blickwinkels, der Perspektive. Und davon gibt es bei uns reichlich!

## FRANCS

Noch immer ist die alte, die jahrhundertealte Währung überall präsent, trotz ihrer Abschaffung im Jahr 2002. Jeder, der noch mit dem *franc* bezahlte, bewahrt irgendwo in der Schublade, im Schrank oder als Glücksbringer in der Tasche eine letzte Münze oder einen Schein auf. Meiner hängt an der Kühlschranktür. Der schönste Schein war für mich der moderne, blaue 50 Francs-Schein mit Saint Exupéry, dem kleinen Prinzen, dem Flugzeug und der Schlange, die aussieht wie ein Hut, weil sie gerade einen Elefanten verschluckt hat. Er war ein Hingucker im Vergleich zum hässlichen, braunen Claude-Debussy-20-Francs-Schein oder zu seinem Vorgänger, dem grau-grünen mit Maurice Quentin de La Tour. Interessant fand ich immer die Rückseite des Paul-Cézanne-100-Francs-Scheins. Die zwei weiteren, den 200-Francs- und den 500-Francs-Schein, hielt man seltener in den Händen. Warum hier Gustave Eiffel und Marie und Pierre Curie als Konstrukteure bzw. Wissenschaftler ausgesucht worden waren und nicht beispielsweise der Chemiker Louis Pasteur oder die Film-Pioniere Brüder Lumière, leuchtet mir nicht ein. Auf den Münzen stand natürlich genauso *liberté, égalité, fraternité,* und öfters tanzte eine Marianne auf dem runden Geldstück. Von denen hatte man immer reichlich im Portemonnaie. Als Kind liebte ich – warum auch immer – die kleine silberne 50-Centimes-Münze.

Ältere Menschen, die sich nicht auf den Euro umstellen wollen oder können, trauern noch immer dem Franc nach. Sie können einem leidtun, hatten sie doch schon die alte Währungsreform Ende der 50er Jahre über sich ergehen lassen müssen und sich mühselig auf den *nouveau franc* eingestellt. Die Umstellung fiel wahrlich schwer – jahrzehntelang rechnete man damals im Volk weiterhin in den alten *francs,* und unzählige Politiker redeten mit mäßigem Erfolg auf die Leute ein, doch endlich den *nouveau franc* zu akzeptieren. Damals war ein *nouveau franc* 100 alte *francs* wert. Zählte man in alten *francs,* kostete eine Kleinigkeit gleich gefühlt Millionen. Dennoch war die Umstellung vom *nouveau franc* auf den Euro nicht leichter für uns. Wir mussten knapp sieben Francs für einen Euro hinlegen und rechneten jahrelang weiterhin alles um, mit Unterstützung der Supermärkte, die die Waren weiterhin mit Francs-Preisen auszeichneten. Die Liebe zu »unserem« *franc* ist ungebrochen, obwohl wir eigentlich jetzt fast ausschließlich mit Karte zahlen und früher mit den beliebten Schecks. Zum Glück gibt es wenigstens den Cent, der noch *centime* heißen darf.

## FROMAGE

*Käse*

Ja, in der *fromagerie* werden natürlich Käse ver- und gekauft, vielleicht wird ab und zu auch über das Wetter geplaudert. Wir Franzosen verstehen viel Spaß – doch hier wird es bitter ernst. Denn Gespräche über Käse münden schnell in Verteidigungsreden für den eigenen Lieblingskäse. Über Reifegrade und *affinage*, richtige Temperatur und Zeitpunkt werden mitten im Laden Streits ausgefochten. Wenn ein Land mehr als 365 Sorten Käse hat, so sagt man, sei es unregierbar. Diese Unregierbarkeit erlebt man schon in der *fromagerie* selbst. So kann es einem passieren, dass man bei der Zusammenstellung seiner Käseplatte vom Nebenmann beinahe empört angesprochen wird: »Madame, für eine Käseplatte brauchen Sie sieben, ja, sieben Sorten Käse!« »Aber nein, Madame, doch nicht dieser Käse neben dem Comté.« Schließlich mischt sich der erfahrene Käseverkäufer ein und erinnert daran, dass Käse auch Saisons haben und dass es vom jeweiligen Moment abhängt, in dem man die Käseauswahl trifft. Und überhaupt, fragt er: »Wer kommt denn zum Essen? Die Schwiegermutter oder der Freundeskreis?« Schließlich gibt es viele unterschiedliche Geschmäcker und Qualitätsunterschiede. Und schon entsteht inmitten des Käseladens eine wahrhaft interessante Diskussion.

In Frankreich ist der Käse ein wichtiger, ein eigener Gang in der Menüreihenfolge und wird vor dem Dessert und dem Obst am Schluss der Mahlzeit mit Baguette oder anderem Brot serviert, ob mittags oder abends. Wehe, er wird vergessen! Man verzichtet durchaus schon mal auf das Dessert, aber niemals auf den Käse. Über Käse diskutiert man beim Kaufen, beim Aussuchen und Zusammenstellen, beim Servieren, beim Genuss und hinterher. Käse ist Lebenseinstellung und Leidenschaft zugleich. In unserer Familie stand immer eine Glasglocke auf dem Kühlschrank, unter der der Käse sein Aroma entfalten konnte. Natürlich throhnte über jedem Käse der Camembert, der beliebteste Käse Frankreichs – 80 % der Franzosen essen ihn jede Woche. Lieblingsbeschäftigung meines Vaters war neben dem Kochen das Einkaufen. In Saint-Germain-en-Laye, dem Vorort westlich von Paris, wo ich aufgewachsen bin, gab und gibt es immer noch eine Fülle kleiner Spezialitätenläden. Die *fromagerie* in der *rue au pain* lag in der Nähe des Schlosses, in dem Ludwig XIV. geboren wurde. Mein Vater ging als Stammkunde dort ein und aus. Ein kleines Käseparadies im *Art-déco*-Stil, in dem alte Lüster und Spiegel die Enge des kleinen Verkaufsraums vergessen ließen. Ein gelungener Käsegenuss à la française besteht z. B. aus einem Ziegenkäse aus Niort, einem frischen Weichkäse, einem

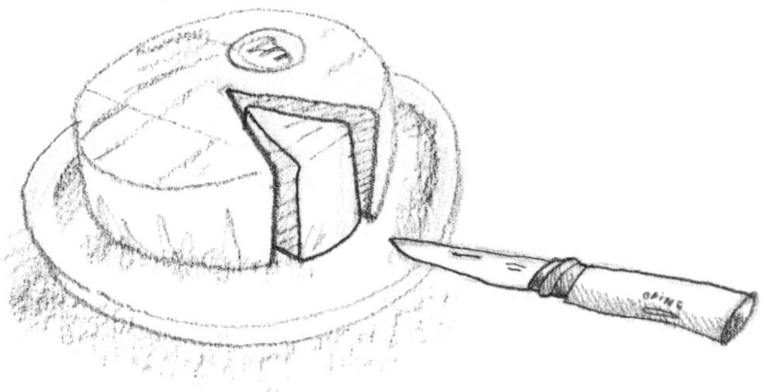

Alm- oder Bergkäse, einem Camembert oder Brie wie *aux morilles* – mit Morcheln –, einem Rohmilchkäse mit gewaschener Rinde und schließlich einem französischen Blauschimmelkäse wie Roquefort. Dazu empfehlen viele *affineurs* einen guten Weißwein, der den Geschmack des Käses optimal unterstützt. Empfehlung hin oder her – wir Franzosen sind da eigen und lassen uns wenig hineinreden. Die Auswahl sowohl von Käse wie von Wein unterliegen dem eigenen Geschmack, und der ist bekanntermaßen undiskutierbar, oder?

Die Käse-Liebhaberei hat in Frankreich ihre Auszeichnungen, Momente des Jahres und Käseneuigkeiten – so vergeht kein Tag, an dem das Nationalheiligtum Käse nicht in den Nachrichten ist. Eine *Fromagerie-restaurant-cave à vin* bietet 120-150 Sorten Käse zum Probieren auf verschiedenen Platten, die mit selbstgemachten Konfitüren, Zuckergelees und Brotsorten angeboten werden. In einer *bar à fromages* werden *assiettes théâtres* vor dem Theaterbesuch serviert, eine der bekanntesten ist zum Beispiel direkt beim Odéon. *Clubs à fromages,* die in der Hauptstadt beliebt sind, bieten verschiedene *dégustations* von Käsesorten an, wie z. B. Käseproben mit zugebundenen Augen. Die Mitglieder schwören einen Treuebund auf die »Eleganz und Käseleidenschaft«. Hier passt perfekt der Spruch »*en faire tout un fromage*«, was in etwa bedeutet »viel Heckmeck um etwas machen«.

# G

## GALETTE DES ROIS

*Dreikönigskuchen*

Die *galette des rois* hat ihren Tag am 6. Januar, dem Dreikönigstag. Die *galettes*-Tradition lässt den christlichen Ursprung des Festes oft in den Hintergrund treten. Es ist üblich, sie entweder selbst zu Hause zu backen oder in einer Pâtisserie fertig zu kaufen. Traditionell wird eine kleine Porzellanfigur im Kuchen versteckt. Es wird eine weiße Serviette über dem Kuchen ausgebreitet, damit man nicht gleich sieht, in welchem Stück das Figürchen steckt. Manchmal versteckt sich auch ein Kind unter dem Tisch, verspricht, nicht zu linsen und sagt laut auf, wer welches Stück erhalten soll. Die Spannung in der Familie steigt. Die *galette* wird lauwarm serviert, dazu gibt es Kaffee, Tee oder Säfte, auch Champagner wird gereicht. Schließlich ist es ein Festtag. Im Hintergrund läuft Musik.

Der Ofen wärmt. Wir unterhalten uns und versuchen bei jedem Biss, die Porzellanfigur zu ertasten. Der Geschmack der Mandelfüllung ist unbeschreiblich intensiv. Wer schließlich die Figur in seinem Stück findet, darf sich König oder Königin nennen, sich einen der anderen Gäste aussuchen und mit diesem zusammen eine Krone tragen – eine uns Franzosen liebgewordene, nette Tradition. Wer die *galette* selbst backen möchte, findet die kleinen Porzellanfiguren (heute ist es meist eine Jesusfigur; früher war es eine Bohne) beim Bäcker, ebenso die Königskronen aus Gold- oder Silberpapier. Sollten Sie sich einmal auf einem französischen Flohmarkt an einem Stand gewundert haben über Hunderte zum Verkauf stehende Porzellanfigürchen: Sie haben Sammlerwert! Jeder renommierte Pâtissier hat seine *galette*, von der es unendlich viele Variationen gibt und für die Porzellanfiguren neu entwickelt werden. In unserer Familie sind wir uns einig: Nur die mit *frangipane* in der Mitte, einer leckeren Mandelcreme, ist die wahre *galette*!

## GARÇON

*Kellner*

Darf ich vorstellen: Ein schwarz-weiß gestreiftes Zebra, der *garçon*. Eine französische Institution, ohne die Sie ein Nichts in einem Café wären, ohne die nichts geht und die Ihnen alles auf einem Tablett serviert. Aber: Nicht der Kunde ist König, nein, der *garçon* ist König! Der französische zumindest. Er lächelt nicht, schaut Sie auch nicht oder kaum an. Oft ignoriert er Sie, so dass Sie den Kopf verrenken, gar aufstehen müssen, wenn Sie es nicht mehr aushalten, missachtet zu werden. Er muss wohl schlechte Augen haben. Es hat nichts mit Ihnen zu tun, eigentlich sind Sie ihm sogar sympathisch, doch es gehört zu seinem Berufsstand, unhöflich zu sein. Es wäre unter seiner *garçon*-Würde, einen freundlich und zuvorkommend zu bedienen.

Wenn er antworten muss, also gezwungen ist zu sprechen, dann schaut er weg, in die anonyme Masse, die gerade an der Café-Terrasse vorbeischlendert, als gäbe es nichts Wichtigeres. Wenn man etwas Präzises fragt, dann antwortet er bewusst vage und vermittelt einem immer das Gefühl der Unterlegenheit. Ja, das schafft er. Wenn man die französische Sprache nicht spricht, dann braucht man keinerlei Verständnis zu erhoffen. Man wird gleich bestraft. Selbst wenn er Englisch beherrschte, niemals würde er das hier, an seinem Arbeitsplatz, offenbaren. Auch das: unter seiner *garçon*-Würde. Das Zebra spricht aber gerne mit sich selbst, über Politik, die Nachbarn, den Verkehrslärm und über das Leben im Allgemeinen. Doch es murmelt, verschluckt Buchstaben und ganze Wörter – wie schade, es wäre so interessant, ihm zu folgen. Das Zebra trägt nur noch selten eine Fliege, wie im 19. Jahrhundert in den Cafés der *grands boulevards* von Paris, als die *garçon*-Uniformen zum ersten Mal auftauchten. Übrig davon ist oft nur die kleine schwarze Weste, die die *garçons* zuerst in den 20er Jahren des letzten Jahrhunderts in Saint-Germain-des-Prés trugen. Unverkennbar die vielen kleinen Westentaschen, in die der *garçon* gekonnt mit einer Handbewegung hineingreift, um ein paar *centimes* herauszugeben.

Ich fragte mich oft, wie er es schafft, sie alle nur mit den Fingern zu ertasten. Mein Lieblings-*garçon* – wer hätte das gedacht – arbeitet in Paris, an einer Ecke der Île St.-Louis. Jean gehört zum Glück nicht zur oben genannten Zebra-Kategorie. Jean ist der Spaßmacher in Person, pfeift, lacht, singt und ist der Star der Café-Manege. Er wirbelt durchs Café und balanciert das Tablett kunstvoll auf der einen Hand, in der anderen stets das unverzichtbare Tuch, um den Tisch schnell sauber zu wischen, wenn man sich hinsetzt. Er reagiert auch, wenn man »*s'il vous plaît*« ruft, die richtige Art, einen *garçon* zu sich zu bitten. Er erinnert mich ein bisschen an Charlie Chaplin in »*Charlot garçon de café*« von 1914. Oder an Yves Montand, der es ihm in den 80ern gleichtat und in »*Garçon*« den Berufsstand verewigte. In ihn hätte ich mich verlieben können. *Et oui!*

## GAULOISES, GÎTANES, CIGARETTES, CLOPPES

*Zigaretten*

Auch in Frankreich ist sie leise geworden, die Tabakindustrie, und natürlich zu Recht. Unbestritten sind die Schäden des Tabakkonsums. Mit dem Image des Landes ist die Zigarette, umgangssprachlich »la cloppe« genannt, aber untrennbar verbunden. Im Rauchverbot kurz nach der Jahrtausendwende sah man auch einen Angriff auf die Kultur Frankreichs, die von bekannten rauchenden Franzosen repräsentiert wurde. Ja, es wurden schwere Geschütze aufgefahren. Es war aber nicht nur der ewig lässige Rebell Serge Gainsbourg mit

*gauloise sans filtre* im Mundwinkel, der *liberté toujours* murmelte. Es war auch Jeanne Moreau, bekannt für ihren raffinierten Stil, mit ihren amerikanischen Filterzigaretten. Oder die schwarzgekleideten Existentialisten, die elegante *porte cigarettes* benutzten. *Le Café de Flore* ebenso wie *Les Deux Magots* oder die *Brasserie Lipp* erinnern heute an ihre rauchenden Gäste von damals, wie Jean-Paul Sartre oder Simone de Beauvoir.

Armes Frankreich also? Wie kann unser Land nur ohne Zigarette auskommen? Man war, was man rauchte, man wusste, wohin man gehörte. Rauchte man »französisch«, *gauloises* oder *gîtanes* des französischen Tabakvertriebs *Altadis*, so unterstützte man Hersteller in der Provinz. Man liebte den Geschmack des Maispapiers, mit dem die *gauloises* eingewickelt waren, und das Lange-im-Mundwinkel-Hängenbleiben, das lange als typisch französisch galt. Zu dumm, dass der Mutterkonzern seine Produktion für die typische blaue Packung mit dem *casque gaulois* nach Spanien verlegte. Wie sollten sich die Ausländer und Touristen den Franzosen oder die Französin und Paris als Stadt des Rauchens ohne Zigarette vorstellen? Sartre, Belmondo, Malraux ohne die um sie allgegenwärtige Rauchwolke? Landbistros ohne die gelben Aschenbecher von Ricard? »Eigentlich können wir alle einpacken«, meint Gilles, *garçon* im *Café de la Paix* in Montreuil, »wenn wir der einzigen Freiheit beraubt werden, die uns noch bleibt.« Sagt's und dreht demonstrativ das »Rauchen verboten«-Schild um. »Zum Glück wurde es nur auf einer Seite bedruckt – denn von hier aus sehe ich das Schild nicht«, meint ein Gast und raucht munter weiter. Ein anderer entgegnet: »Es ist doch schöner, im Café eine wunderbare Mischung aus Kaffeeduft und dem Parfum schöner Frauen einzuatmen, als dicke, trübe Zigarettenluft.« Er strahlt die am Nebentisch sitzende Schönheit an.

Ich sitze auf der rauchfreien Innenterrasse eines Cafés und schaue auf die draußen stehenden jungen Raucher, die die Gelegenheit nutzen, um neue Leute kennenzulernen. Es hat sich eigentlich nichts verändert – nur die Orte sind andere geworden.

## LE GOÛTER

*Nachmittagsessen*

»Um halb fünf kommt Coco Chanel zum *goûter.* So ist das in der Welt der Mode. In einer Welt, in der man schönen, charismatischen Frauen ein hohes Gehalt zahlt, damit sie die Kleider großer Modehäuser tragen. Coco klingelt immer pünktlich um 16.30 Uhr. Wo wir Franzosen doch sonst so unpünktlich sind. Wie macht sie das? Paris ist doch voller Verkehr. Sie muss die Disziplin im Blut haben.

Wir sind unter uns – Frauen aus dem Modemilieu. Wir trinken Kaffee, essen *petits fours* und *macarons,* rauchen eine Zigarette nach der anderen. Wir besprechen mit Coco, was wir am Abend noch erleben und vor allem, was wir anziehen wollen. Zwei Stunden, das ist lange für ein *goûter.* Und – du entschuldigst, wenn ich das so sage – es ist doch etwas anderes als die Familien-*goûters,* für welche die Mutter Kuchen backt, wenn die Kinder aus der Schule kommen. Wo es so einfache *pains au chocolat* oder *pains au raisins* gibt. Danach gehen wir über zu einem Apéritif in den Cafés um die Ecke. Vielleicht sehen wir dort noch Jean. Ich vergöttere ihn. Nimm noch ein *macaron*, so ein gelbes, Suzette! Und dann ab ins Nachtleben ... es fängt jetzt an, um 19 Uhr!«

## GRANDES ÉCOLES

*Hochschulen*

Wenn wir uns sonst nichts leisten, wir leisten uns die *grandes écoles,* spezialisierte und unter den Fittichen der speziellen Ministerien stehende Hochschulen, zu denen man nur nach einem Abschluss in Vorbereitungsklassen (sogenannten *prépas*) und strengen Prüfungen (sogenannten *concours)* Zugang erhält. Neben Fachwissen erwirbt man dort ein Höchstmaß an Allgemein- und Persönlichkeitsbildung. Eigenartig, es gibt *haute cuisine und haute couture,* aber keine *hautes,* sondern *grandes écoles,* »große Schulen«. Wer zu den Eliten des Militärs, der Verwaltung und des Staates, der Wirtschaft, der Kultur Zutritt erhalten will, der tue sich diese speziellen Schulen an, denen viel Renommee vorauseilt. Sie seien der sichere Weg in eine sichere Existenz. Ich kenne kein Land der Welt, das so viel auf seine Bildung und Bildungseinrichtungen hält. Wer allerdings so viel Prestige auf sich vereint, gerät schnell in die Kritik: keine Volksnähe, eingeschränkte Plätze, undurchsichtige Zugangskriterien. Die meisten dort Studierenden stehen unter hohem, auch sozialem Druck. Viele behaupten: ungerecht und konservativ. Ich sage: auf jeden Fall sehr französisch.

## GRÈVE

*Streik*

Das große taubenblaue Tor des Hôtel de la Villeroy aus dem 18. Jahrhundert, in dem meine Familie seit Generationen lebt, schließt sich langsam hinter mir. Ich blicke noch einmal hinter mich und durch die gusseisernen Torumrandungen hindurch. Die Sonne bildet rankenförmige Schatten auf dem Boden des Torbogens. »Hübsch«, denke ich, »ich sollte sie als Schablone benutzen und malen.« Ich rücke meine Tasche mit den Zeichnungen und Stiften zurecht. Ich gehe auf die schmale, gepflasterte *rue de la Salle* hinaus in Richtung des Schlossplatzes von Saint-Germain-en-Laye, der von Menschen und Autos nur so wimmelt. Ich habe es nicht eilig. Es wartet lediglich das beheizte Atelier in der *rue du Bac* auf mich, das mir ab und zu Freunde öffnen, damit ich dort malen kann. Heute an den Bahn-Ausgängen: Stille und Leere. Üblicherweise spuckt die Regionalbahn hier stündlich Hunderte von Menschen aus. Ich blicke auf die große weißgelbe Uhr, die den Eingang des Schlosses überragt, und vergewissere mich. Es ist die gleiche Zeit wie sonst. Montag, 8 Uhr. Der Hinweis aus der Zeitung, mir Zeit zu nehmen, etwas mehr als üblich, kommt mir wieder in den Sinn. Natürlich, Streik! Es herrscht eine besondere Atmosphäre der Einigkeit in der Stadt. Es kommt ein-, zweimal im Jahr vor. Die Menschen stehen beieinander, nicken sich zu oder tauschen kurz ein paar Worte zur Situation aus, die alle vereint. Für einen Fremden sicher unverständlich. Keine riesige Aufregung, kein großes Trara, kein Unverständnis, keine Vorwürfe. Man könnte meinen, alles sei abgesprochen. Es geht mal wieder nichts – keine staatliche Bahn, keine Metro, kein Bus. Außerdem streiken die Taxifahrer. Wie passend, genau an dem Tag, an dem man ohne öffentliche Verkehrsmittel nirgendwo hinkommt. Ich setze mich auf die Marmorstufen der Kirche gegenüber dem Schloss. Der Stein ist kalt, ich bleibe nicht lange sitzen. Wie ich nun in die Stadt komme, klärt sich rasch über den Nachbarn Monsieur Robureau, der sein Auto zur allgemeinen Verfügung stellt. Meine Mitfahrer, die alle zur Arbeit müssen, wundern sich nicht. Nein, keiner wundert sich – Solidarität und Gelassenheit prägen die Stimmung. Mit einer Portion Fatalismus vielleicht. Monsieur Robureau philosophiert: »In Frankreich ist Streik kein Problem, sondern Volkssport. Meint ihr nicht? Es wird gerne und ständig gestreikt. Wenn es nicht die Verkehrsbetriebe sind, dann ist es eben die Müllabfuhr. Manchmal auch alle zusammen: Generalstreik.« Der eine Mitfahrer grinst und erinnert sich: »Wisst ihr noch 2006 und 2009, als alles streikte wegen der Arbeitsmarktreform? Ja, das waren noch Zeiten, da standen alle zusammen! *Vive la révolution*!«

# H

## *HAUTE COUTURE* UND *HAUTE CUISINE*

Ist etwas nicht *petit* oder *petite,* dann ist es *haut* oder *haute.* Damit drückt man in Frankreich aus, dass etwas in einer anderen Liga spielt, einer anderen als der üblichen, massentauglichen Kategorie entstammt. So gibt es die *Haute Couture,* die Mutter des *prêt à porter,* und die *Haute Cuisine.* Beides wird gerne mit einem Großbuchstaben geschrieben, was die Größe noch mehr betont, da im Französischen Substantive und Adjektive in der Regel klein geschrieben werden,

Die *Haute Couture* ist, im Unterschied zur *Haute Cuisine,* als Begriff rechtlich geschützt. Es gelten strenge Regeln – nur die exklusive Schneiderkunst, die in Paris ein Atelier pflegt und handgeschneiderte Kreationen präsentiert, darf das Label tragen. Die luxuriösen, opulenten, maßgeschneiderten Kleider gleichen Märchenroben. In zwei Schauen pro Jahr, die Paris in ein rauschendes Modefest mit Cocktails, Partys und Präsentationen verwandeln, zeigen die renommiertesten Modehäuser ihre Kreationen. Im Hintergrund nähen, sticken, drapieren und schneiden Hunderte Näherinnen, *petites mains* genannt. Der Beruf hat eine lange Tradition. Meine Großmutter Renée war eine der *petites mains.* Sie war eine einfache *couturière de quartier,* wie sie nach dem Krieg überall in den Pariser Vierteln ihre Handwerksdienste anboten. Es gab keine strikte Trennung zwischen denen, die sticken, stricken oder nähen konnten. Renée hatte ihre Kunst von ihrer Mutter Ida gelernt. Ida hatte jahrzehntelang als *lingère* in der Nähe von Cognac gearbeitet. Wer inmitten von Stoffen aus Baumwolle, Leinen, Wolle, inmitten von Garnen, Knöpfen und Strickwaren aufwachsen ist, hat ein besonderes Gefühl für die Beschaffenheit und den Fall eines Stoffes entwickelt. Sie nähte individuelle Kleider für ihre Kundinnen und wurde immer mal wieder von Ateliers im Vorfeld einzelner Schauen engagiert. Meine Großmutter begegnete den im Entstehen begriffenen Kleidern mit viel Respekt und Geduld – fast als wären sie Menschen mit unterschiedlichen Charakteren wie Eitelkeit, Stolz, Koketterie oder Verspieltheit. Manchmal beobachtete ich, wie sie mit ihnen sprach. Ein undeutliches Französisch mit ein paar Nadeln zwischen den Lippen, das Maßband um die Schulter geworfen, in Gedanken völlig bei dem prachtvollen *Haute Couture*-Kleid, das sie unfertig zwischen den Händen hielt. *Brocart de soie, dentelle de calais bleue, moire de coton* – manchmal hatte sie Ideen und entwarf etwas Neues. Vor allem ihre Kenntnis der Stoffarten bereicherte die Vorgaben der Designer. Ich erinnere mich an ein Kleid aus rosa Taft, Pailletten, Rüschen und Falten, wohin das Auge blickte – das Kleid nahm fast zwei Meter Breite in Anspruch. Zwischen den luxuriösen Stoffen saß meine zierliche elegante Großmutter und nähte und dachte dabei wohl an die Mannequins, die es bald auf den Laufstegen der Hauptstadt präsentieren würden. Mit ihrer natürlichen, klassischen französischen 30er Jahre-Schönheit hätte sie das Publikum ohne Frage ebenso erobern können.

## HEURE BLEUE VON SAINT-TROPEZ

*Blaue Stunde westlich von St.-Tropez*

Die Nacht bricht an und langsam legt sich ein blaues Band über die Dünen und das Meer. Ein unendlich tiefes, warmes, royales Blau. Ein Blau, das nur noch Schwarz neben sich verträgt, um Schatten und Umrisse zu zeichnen. Ein einsam vor Anker liegendes Boot. Eine pralle Boje. Weit weg ein Turm, dessen Konturen man nur erahnen kann. Leise wogt sich das Wasser hin und her und bildet das monotone Gemurmel, das die blaue Stunde westlich von Saint-Tropez begleitet. Der sanfte letzte Gesang der Vögel setzt kurz gemeinsam ein und begleitet wie ein Orchester diese ungewisse Zeit zwischen Tag und Nacht. Es ist die *heure bleue*. Wir setzen uns zusammen auf vom Wasser und der Sonne verwitterte Hölzer, die auf dem Strand liegen. Wir könnten in Korsika sein. Viel zu früh hat jemand ein Feuer angezündet. Es flackert vor sich hin,

wir legen Holz nach. Jetzt ist die Zeit, in der der Rosé nicht mehr mit Eis verdünnt wird. In der wir die Wildblumen auf den Feldern hinter dem Strand am intensivsten wahrnehmen. Hier und jetzt, eingewickelt in das magische tiefe Blau, fühlen wir: Alles ist möglich. So muss der Parfumeur Guerlain gefühlt haben, als er sein berühmtes Parfum *Heure bleue* nannte. Den kurzen blauen Moment für die Ewigkeit festhalten. Wir atmen die milde Luft ein und lassen uns verführen von der Farbe, die die Landschaft um uns herum annimmt.

*C'est une heure incertaine, c'est une heure entre deux, où le ciel n'est pas gris, même quand le ciel pleut …* – »Es ist eine unklare Stunde, eine Stunde zwischen Zweien, wo der Himmel nicht grau ist, selbst wenn der Himmel regnet …« Françoise Hardy

## HUITRES

*Austern*

Unser Freund Loïc ist fahrender Fischhändler. Zweimal die Woche fährt er nachts mit seinem weißen Kastenwagen zu der *criée* an einem der Atlantikhäfen und einmal in der Woche zu den Markthallen von Rungis nahe Paris. Nach dem nächtlichen Einkauf isst und trinkt er in einer der örtlichen Brasserien, bevor er sich wieder auf den Rückweg macht. In den Dörfern der Umgebung verkauft er von seinem Wagen aus, die auf Eis liegenden Fische und Meeresfrüchte, appetitlich garniert mit Zitronen und Petersiliensträußen. Frankreich ist Austern-Land – also hat Loïc auch immer Austern in seinem Wagen. Austern haben vor allem an den festlichen Tagen zu Weihnachten oder Neujahr Hochsaison. In den Monaten mit »ber« am Ende, also September, Oktober, November oder Dezember, sind sie besonders beliebt, können aber mittlerweile das ganze Jahr über frisch genossen werden. Eigentlich weiß jeder Franzose, wie mit Austern umzugehen ist. Da Loïc liebend gern ein Schwätzchen mit seinem Kunden hält, erläutert er noch ausführlich Zubereitungsart und Herkunft. *Pleine mer de Normandie* oder *Fines de claire de Marennes Oléron* oder auch welche von Cap Ferret. Er hält viel auf seine Austern – natur mit ein wenig Zitrone. Er prüft jede einzelne, ob sie verschlossen ist – das erste Zeichen für Frische. Und hält sie in der Hand, um das Gewicht zu prüfen – nur die voller Wasser fühlen sich schwer an und sind frisch. Und er riecht an ihnen – und liebt den salzigen Geruch, der die Vorfreude steigert. Dazu empfiehlt Loïc *pain de seigle toasté et beurré,* einen leichten Roggentoast mit etwas Butter. Wenn Sie kein Austernmesser zu Hause haben, kommt Loïc, geselliger Bonvivant, auch mal zu Ihnen nach Hause und öffnet sie kurz vor dem Verzehr. Ach ja – und dann hat er noch eine seiner Fisch-und-Meeresfrüchte-Geschichten für Sie auf Lager. So

wie die vom Hafenstädtchen Honfleur und den starken Fluten der Normandie, wo er ab und zu selbst Austern aus dem offenen Meer holt. Loïc hatte einmal an einer Felsenspalte viel Glück und konnte seinen roten Fünf-Kilo-Eimer – so viel darf jeder offen ernten oder fischen – mit frischen Austern füllen. Er vergaß die Zeit und wurde von der aufkommenden Flut überrascht. Diesen Anfängerfehler büßte er auf dem Felsen, auf Hilfe wartend. Immer wenn ich in Paris oder Nizza aus den Terrassen-Auslagen der edlen Restaurants Austern und andere Meeresfrüchte auswähle, wenn ich in Atlantik- oder Mittelmeerstädtchen in einer *bar à huitres* sitze, dann denke ich an ihn, den Austern-Liebhaber mit dem roten Eimer auf dem Felsen.

## HUMOUR

*Humor*

Lächerlichkeiten, Absurditäten, Eigenartigkeit – Humor ist oft schwer in andere Sprachen übersetzbar. So versteht französische Witze meist nur, wer gut über die Landeskultur Bescheid weiß, bestimmte Persönlichkeiten, politische Verhältnisse, Mentalitäten und Klischees kennt. Tut man das nicht, so kann man sich recht einsam fühlen, wenn plötzlich alle um einen herum lachen. Humoristen und Komiker haben auf jeden Fall eine lange Tradition in Frankreich. Meine Großmutter wuchs mit Bourvil und Fernandel auf, mein Vater mit Louis de Funès, ich mit Coluche und Thierry Le Luron, französische Kinder heute mit Gad Elmaleh oder Pascal Escriout als französische Pendants amerikanischer »Stand-up-Comedians«. Französischer Humor geht mit der Zeit. Es gibt den kritischen, zynischen Humor, verkörpert durch Gaspard Proust, den *humour de banlieue* eines Jamel Comedy Club, und einen stark situationsgebundenen Humor – mit Szenen aus dem Alltag der Franzosen, die ins Absurde gesteigert werden. Es gibt den schwarzen Humor von Zeitschriften wie *Charlie Hebdo*, der polemisiert und den Finger in die Wunden der Gesellschaft legt. Und es gibt die humorigen *vieille France*-Filme wie z. B. *Bienvenue chez le Ch'tis*. Mittlerweile sind die französischen Blogger, die Youtuber und andere Internetstars Exportschlager. Das Bild des einsamen französischen Humoristen, das es seit dem Zweiten Weltkrieg gab, ist vergessen, schade!

Louis de Funes

# J

## JEANNE LA PUCELLE

*Jeanne d'Arc*

Wenn ich unter all den wichtigen Berühmtheiten der französischen Geschichte die wählen müsste, die mir die liebste ist, würde ich mich für Jeanne d'Arc entscheiden. Diese kleine Frau aus der südöstlichen Provinz. Jeanne, die Unerschrockene, die Märtyrerin, unsere Nationalheilige, fernab von jeder Politik, die sie einzunehmen versucht. Nach ihr sind keine Kekse und keine Cocktails benannt, sie prangt in Paris auch nicht auf jedem historischen Gebäude. Und doch ist sie immer präsent, in Voltaires oder Jean Anouilhs Werken, bei Verdi oder in den Chansons von Georges Brassens. Egal, wo man ist. In Rouen, wo mein Vater geboren ist, wurde sie verbrannt, der Scheiterhaufen lag mitten in der Stadt. In Paris, wo ich aufgewachsen bin, fand in Notre-Dame ihr Rehabilitationsprozess statt. Nach Orléans, ganz in der Nähe unseres Landhauses, wurde sie benannt, die Johanna von Orléans. In der Schule erfuhren wir von ihren Heldentaten im Hundertjährigen Krieg und dass sie König Charles VII de France auf den Thron von Reims begleitete und neben ihm mit Siegesfahne in der Hand in der Kathedrale stand. Alles an ihr faszinierte uns, ihr rüstungsähnliches Gewand mit langen Röcken, ihre Männerkleidung, die inneren Stimmen, denen sie folgte, ihre Asche, die in die Seine verstreut wurde und von der wir uns vorstellten, sie wäre noch – mehr als sechs Jahrhunderte später – im silbernen Wasser zu sehen. Ich mache mir keine Sorgen. Jeanne, der Patronin Frankreichs, Rouens und Orléans, sind genügend Filme, Bücher und Theaterstücke gewidmet, so dass sie auch noch die Fantasie der nächsten Generation beschäftigen wird.

## JOIE DE VIVRE

*Lebensfreude*

*Joie de vivre* – Freude am Leben, ein schöneres Motto für Frankreich gibt es nicht. Sie drückt sich nicht durch Zeremonielles, Feierliches aus, sondern auch in der täglichen, ehrlichen, tief empfundenen Art und Freiheit, die kleinen Freuden des Lebens zu genießen – trotz der Umstände, die draußen herrschen mögen. Diese kleinen Freuden sind das Baguette, die gute Flasche Wein, das genussvoll eingenommene gemeinsame Mittagessen, die paar Tropfen Parfum auf der Haut jeden Morgen. Was *la joie de vivre* ausmacht, entscheidet jeder für sich. Es kann die kleine als Luxus empfundene Pause inmitten des Alltags sein, ein Moment der Betrachtung von Alltagskunst, ein herzliches Kinderlachen. Es kann das gemeinsame Feiern sein, ein Glas auf der Terrasse eines Cafés. Oft hört man jemanden sagen: »*Ah oui, il faut profiter!*« – wobei es nicht um Profit geht, sondern um Genuss. Mit Horaz formuliert: *carpe diem*. Genuss im Jetzt, Glück und Zufriedenheit im einzelnen Moment. Als Einstellung zum Alltag und dem Leben gegenüber. Ängste werden auf morgen verschoben.

Das klingt fast trotzig, rechthaberisch und fast militant nach den Anschlägen von Paris. Es ist mitunter schwer, diese Lebenseinstellung, deren sich die meisten gar nicht so bewusst sind, weil sie sie durch Erziehung und Kultur erworben haben, gegen äußere Umstände – hohe Arbeitslosigkeit, soziale Ungerechtigkeiten, Unglücke, Terrorakte – zu verteidigen. Diese Ereignisse und Tatsachen bleiben ja Teil des Lebens. Ob unsere *joie de vivre* Bestand haben wird?

# K

## KERMESSE

*Kirmes*

Die Kirchturmglocken läuten heute schon zum zweiten Mal ein schönes Carillon sich abwechselnder Töne, mal hell, mal dunkler. Ein nicht enden wollender metallischer Singsang über unseren Köpfen. Endlich ist die langweilige Messe mit ihren ellenlangen Litaneien und den absurden lateinischen Gebeten zu Ende. Wie gerne wäre ich wie andere in den Cafés und Kneipen rund um den Platz sitzen geblieben und hätte die Zeit bis zur *kermesse* dort verbracht. Ich habe den Gesang und die Rufe der draußen Gebliebenen schon eine Weile gehört, sie drangen zaghaft in die heilige Ruhe. Nun reckt der Pfarrer den Kopf nach oben, streckt die Hände gen Himmel und verabschiedet uns, seine Schäfchen, endlich in die Freiheit. Die zweiflügelige Kirchtür öffnet sich knarrend. Die Sonne blendet uns, die sich zuvor durch die länglichen, bunten Glasfenster nur heimlich hineingeschmuggelt hat und sich nun mit einem Mal ihren Weg in die Dunkelheit der Kirche bahnt. Auf dem Kirchplatz breitet sich ein Schauspiel voller Maskeraden, unterschiedlicher Stände und Tänze und anderer Vergnügungen aus. Aus den Cafés und Kneipen drängen die Menschen heraus. Frauen, Männer und Scharen von unruhigen Kindern schieben sich regelrecht in die Gassen der *kermesse*, die mitten im Dorf aufgebaut worden ist. Die Kirchgänger in ihren schicken Kleidern, Mädchen in blauen Röcken und weißen Blusen, die Jungs mit glänzend geputzten schwarzen Schuhen, stoßen dazu. Ein großer dörflicher Markt bietet Buden, Spiele, Getränkestände und ab und zu eine Reihe Tische und Bänke, an denen Speisen serviert werden, die nebenan auf einem großen Feuer gegart werden. Die Vereine und kirchlichen Gruppen haben Kuchen gebacken und tun ihre Bestes, um sie bei der *kermesse de monsieur le curé* – wie die *kermesse* hier hinter dem Rücken des Pfarrers genannt wird – zu verkaufen. Jeder hat Dienst und muss im Namen Jesu in der Bretterbude sitzen und *madeleines* verkaufen. Eine *kermesse*-Szene, wie gemalt von Pieter Bruegel oder Hieronymus Bosch.

## KIR

Wie ich meinen Kir möchte? Eine Daumenbreite *Crème de cassis* – Johannisbeerlikör – in einem tulpenförmigen Glas, mit weißem Burgunder aufgegossen. Ganz klassisch bitte. Für besondere Anlässe mag ich auch *Kir royal* oder *Kir impérial*, mit dem König der französischen Getränke, dem Champagner. Doch eigentlich ist der klassische Kir mein Favorit. Der Wein ist ein Bourgogne *aligoté*. Ich sitze mit Michel Rousseau, Weinhändler aus Tours und Cousin meines Vaters, am Tisch. Er erläutert mir die Vorzüge dieses besonderen Weins: »Die Reben wachsen auf wenig Hektar, im Burgund und im Südosten Frankreichs. Der *aligoté* enthält wenig *tanin* und ist ein frischer Wein, Noten von Zitrone und grünem Apfel. Deswegen nennen ihn manche *vert blanc.* Manchmal schmeckt man etwas Haselnuss. Dem Burgund verdanken wir also nicht nur den Senf, den *bœuf bourguignon* oder den *pain d'épices,* einen leckeren Gewürzhonigkuchen, sondern auch diesen wunderbaren Aperitif.«

Der *Kir* hat viele Neider zu wunderbaren neuen Kompositionen inspiriert. Die Provence hat den *Kir soleil* – welch schöner Name – mit Pampelmusen-Sirup und Roséwein. Die Ardèche einen *Kir* mit Kastanien-Crème. Lothringen hat einen *Kir* mit Mirabellenlikör, die Normandie einen *Kir* mit Calvados und Cidre. Doch alle diese wunderbaren Cocktails, die wir dem echten ursprünglichen *Kir* aus dem Burgund verdanken, dürften diesen Namen eigentlich gar nicht tragen. Namenstifter *Felix Kir* hatte nämlich Mitte der 50er Jahre dem *Crème de Cassis*-Hersteller aus Dijon den Vorzug gegeben. Michel sagt: »Das nächste Mal, Murielle, würde ich gern einen *Communard* mit dir trinken, bei dem *Crème de Cassis* mit rotem Burgunder gemixt wird.« Ich glaube, ich nehme seine Einladung an.

# L

## LAÏCITÉ

*Säkularismus*

Haben Sie auch schon mal in Frankreich an einem Mittwoch- oder einem Donnerstagnachmittag vor verschlossenen Türen gestanden und sich gewundert? Ja, ein Relikt aus alten Zeiten, das sich in manchen kleinen, entlegenen Dörfern erhalten hat. So auch in Semur-en-Vallon, dem Ort, in dem unser Landhaus steht. Früher als an den Schulen auch samstags ganztägig unterrichtet wurde, war der Donnerstag Wochenmitte. Und die Mitte der Woche sollte freigehalten werden, um religiösen Unterricht zu ermöglichen, den es – seit der Trennung von Kirche und Staat – in der Schule nicht mehr gab. Später wurde der Samstag schulfrei und damit der Mittwoch zur Wochenmitte. Für die Schüler bedeutete das: entweder Katechismus oder frei! Für die Eltern bedeutete es: sich darauf einzustellen, die Großeltern für die Betreuung der Kinder zu aktivieren, Sportaktivitäten zu organisieren. Deswegen ist der Mittwoch für französische Familien ein regelrechter Ausnahmetag, den wir – mal wieder – der Französischen Revolution zu verdanken haben. Wieso eigentlich?

Religionsunterricht in der Schule, von Lehrern oder Schülern getragene oder in staatlichen Institutionen aufgehängte religiöse Symbole: all das verbietet in Frankreich die *Loi de 1905*, ein Gesetz, das seinen Ursprung eben in der französischen Revolution von 1789 hat. Damals sollten die meisten der seit Jahrhunderten bestehenden Vergünstigungen und Privilegien der Kirche abgeschafft werden. Die Trennung zwischen Kirche und Staat wurde vollzogen. Der Staat sollte religiös neutral sein. Wurden früher Geburt, Hochzeit oder Taufe von den Kirchen registriert, nahm sich nun der Staat dieser Aufgabe an. Seitdem gibt es viel Streit über Sinn und Unsinn dieses Gesetzes, immer wieder wurden Reformen gefordert und auch durchgesetzt. Die hohen Werte der Freiheit des Gewissens, der Freiheit des Denkens und der Freiheit des Ausdrucks, die dieses Gesetz stützen, vervollständigen das Prinzip der *egalité* und finden sich in der Erklärung der Menschenrechte. Wie so oft gibt es ein paar Ausnahmen: im Elsaß oder manchen DOM-TOM-Ländern, was als Extrawurst aus Straßburg betitelt wird. In diesen Regionen gibt es Religionsunterricht, aber am Mittwochnachmittag – ungerecht ist die Welt aus Sicht der Schüler – ist trotzdem frei.

## LAISSEZ-FAIRE

*Laissez-faire* hat mehr Bewunderer als Franzosen, die »in echt« das tausendmal beschriebene Lebensgefühl leben.

*Laissez-faire* meint Toleranz, Lässigkeit und Gelassenheit, vielleicht auch individuelle Freiheit. Wörtlich übersetzt hieße es: »lasst machen« und meint eine Geisteshaltung, die das Gegenteil von Borniertheit in allen ihren Varianten ist, so wie *dolce vita* harter Arbeit widerspricht. Es ist eine nonchalante Attitüde, kommt daher wie Musik, ein Gefühl, eine Philosophie und trägt den Charme des Unfertigen und Provisorischen – sicher nicht des Durchgestylten oder Produktdesignten. Für *Laissez-faire* stehen der französische Lebemann und die französische Lebefrau.

Als Pariserin werde ich oft nach dem *Laissez-faire* der Pariser gefragt. Das nonchalante, lässige, geruhsame Leben findet man überall, nur leider nicht in Paris. Die Pariser können ein Lied davon singen.

Der Ausdruck stammt aus dem 18. Jahrhundert. Die Empfehlung »*Tant qu'on laisse faire la nature* ...« findet sich in einer Denkschrift von Pierre Le Pesant de Boisguilbert von 1707. Ein *Laissez-faire*-Klima war die Antwort auf die *l'état c'est moi*-Doktrin des Absolutismus: Aufrufe an die Staatsmacht, nicht in wirtschaftliche Vorgänge zu intervenieren. Die Geisteshaltung und die Bezeichnung *Laissez-faire* waren vor allem im Europa und den USA des 19. Jahrhunderts *en vogue*. Heute gilt *Laissez-faire* als chic, und der Begriff steht auch für eine von Zwängen befreite Kindererziehung. Oder für einen Führungsstil, in dem die Mitarbeiter selbst entscheiden und sich selbst kontrollieren.

*Laissez-faire* und *savoir-vivre* sind auf jeden Fall Haltungen, die mich geprägt haben. Mal ging es bei uns in Saint-Germain-en-Laye, wo ich aufgewachsen bin, darum, den Nachbarn laut Musik hören zu lassen, mal darum, spontane Gefühlsäußerungen anderer zuzulassen, auch wenn man die Leidenschaft, die dahinter steckte, nicht teilte. Mal ging es um Geschmack. Meine Mutter meinte, man könne nicht über Geschmack diskutieren, so wie man auch nicht über Farben diskutieren könne. Ich wünschte mir mehr *laissez-faire* im Alltag!

## LIBERTÉ, ÉGALITÉ, FRATERNITÉ

*Freiheit, Gleichheit, Brüderlichkeit*

Regelmäßig holen wir sie raus, unsere Devise, unsere drei Substantive. Um uns zu vergewissern, dass wir es immer noch sind: frei, gleich und brüderlich. Um uns zu erinnern, was wir dafür schon alles opfern mussten, schon damals, als die Französische Revolution 1789 Köpfe rollen ließ, und später auch. Wir schreiben sie in Rathäusern, Schulen und anderen staatlichen Gebäuden an die Wände. Im späten 18. Jahrhundert hieß es teilweise noch *liberté, égalité, fraternité ou la mort*. Den Tod hat man dann gestrichen. Doch die drei Substantive waren nicht immer unumstritten. Mal fand man *solidarité* besser als *égalité*, mal gefiel bei *fraternité* der christliche Bezug nicht, wobei gerade dieser Einheitsgedanke in der Gruppe eine Errungenschaft war. Es half nicht, daran zu erinnern, dass Freiheit und Gleichheit grundlegende Menschenrechte sind. Victor Hugo schrieb in *Le droit et la loi*, die Auswahl dieser drei Werte sei absolut, es gäbe nichts hinzuzufügen und nichts zu entfernen. Die Freiheit sei das Recht, die Gleichheit eine Tatsache, die Brüderlichkeit eine Pflicht. *Voilà*, der ganze Mensch sei da. Seit Jahrzehnten sind die Drei Teil unseres nationalen Erbes, zieren mit Marianne und dem Hahn Briefmarken und öffentliche Plätze. Heute in der Zeit von Europakrise und Terrorismusgefahr steht die Freiheit auf dem Prüfstand, der Begriff der Gleichheit erfährt Kritik. Bliebe noch – vielleicht ein Ausweg – der Begriff der Brüderlichkeit.

## LITTÉRATURE

*Literatur*

Schon früh wird man in Frankreich in der Schule mit Molières Komödien, den Märchen von Charles Perrault, den Fabeln von Jean de la Fontaine, den Romanen der Comtesse de Ségur, Marcel Pagnol und den berühmten *Mühlenbriefen* von Alphonse Daudet konfrontiert. Man plagt sich ab im Auswendiglernen von Paul Verlaine, Jacques Prévert oder Arthur Rimbaud. Zu Hause liegen – wenn man Glück hat – noch Jules Vernes fantastischer Schmöker *20 000 Meilen unter dem Meer* im Regal oder vielleicht nette kleine Stücke von George Sand, wie sie mir meine Mutter zu lesen gab, oder *Die drei Musketiere* von Alexandre Dumas. Später kommen in der Schule die großen historischen Stoffe dran: Victor Hugo, *Notre Dame de Paris,* Émile Zola, die wichtigsten Romane aus Balzacs unendlich umfangreicher *Comédie humaine,* Klassiker von Pierre Corneille oder Jean Racine, Voltaire, Jean-Jacques Rousseau. In den Jahren vor dem Abitur, auch wenn man kein *baccalauréat* mit literarischem Schwerpunkt ablegt, liest man Jean Giono, Albert Camus oder Jean-Paul Sartre. So lernt man in der Schulzeit bis zum Abitur den ganzen Kanon der französischen Literatur kennen, mit einem Pensum von Dutzenden Titeln im Jahr, wobei heute sogar zum Glück auch die *bande dessinée* – der Comic – dazugehört.

Schon früh verband ich bestimmte Orte mit Autoren. Guy de Maupassant, Autor von *Bel ami,* war ein Sohn der Normandie; unweit von ihm lebte zeitweilig Balzac in der Nähe von Guérande, einem Ort auf der gleichnamigen bretonischen

Honoré de Balzac

Marcel Proust

Simone de Beauvoir

J.P Sartre

Halbinsel. Wie Stendhal und Flaubert liebte er es, seine Werke mit Ortsbeschreibungen anzureichern. Dann gab es noch Antoine de Saint-Exupéry, bei dem man entscheiden konnte, ob er nun schriftstellernder Pilot oder eher fliegender Schriftsteller war. Mit ihm verband ich Lyon. Paris – das waren dann Charles Baudelaire mit *Les fleurs du mal* oder Marcel Proust und *À la recherche du temps perdu*, auch wenn er monatelang in seinem Zimmer mit Meeresblick in Cabourg verbrachte. Ein anderer brachte auf den Punkt, was langweilige Provinz war: Flaubert, der fünf Jahre lang an *Madame Bovary* schrieb.

# M

## MADEMOISELLE

*Fräulein*

Das würde woanders nicht funktionieren, weder im Deutschen noch im Englischen, und schon gar nicht im Italienischen: *Mademoiselle*! Das wäre eine Beleidigung, ein Ding der Unmöglichkeit. Frauenverbände sind auf die Barrikaden gegangen, um diese Verkleinerungen ein für alle Mal abzuschaffen. Ganz anders in Frankreich. *Mademoiselle*, das flattiert, das signalisiert Schönheit, Begehren, Jugendlichkeit. Sie, ja Sie, sind schön, Sie sind begehrenswert, Sie sind jung, *Mademoiselle*! Egal, ob alte Jungfer aus dem XVIIième Pariser *arrondissement* oder Kellnerin im nahe gelegenen Bistro: *Mademoiselle* funktioniert, immer noch. Knapp im Café gerufen, im lauten Restaurant mittags gebrüllt, freundlich lächelnd zu einer Kundin gesagt: *Mademoiselle* kann Wunder vollbringen. In der städtischen oder dörflichen Mairie ist es dem Standesbeamten oder der Sekretärin dagegen egal, ob schmeichelhaft oder nicht. Hier wird auf ein *Mademoiselle* genauso wie auf ein *Madame* oder *Monsieur* ein blauer Stempel gehauen. Verheiratet oder unverheiratet, das ist hier die Frage und nichts weiter. Egal, ob *Madame* eine 18-Jährige ist, die sich früh trauen ließ, oder die *Mademoiselle* eine 50-jährige vierfache Mutter. Draußen allerdings, fern der Bürokratie, ertönt unverändert der Ruf *Mademoiselle*.

## MAISON DE CAMPAGNE

*Landhaus*

Alte Mühle oder Bauernhaus, Schlösschen oder Villa. Natur, Entspannung, gute Luft, traumhafte Sicht, Meer, See, Platz und Ruhe, Kaminfeuer, großer Garten, Felder oder Wald. Im Landhäuser- und Zweitwohnsitz-Besitz sind wir Weltmeister. Deauville, Biarritz, La Baule. Jahrzehnt für Jahrzehnt sind mal diese, mal jene Regionen im Trend. Mal war es die Bretagne, dann die Dordogne, mal die Provence, später die Loire. Begehrt ist alles, was innerhalb von drei Stunden von Paris aus zu erreichen ist, noch begehrter, was einen TGV-Anschluss hat. Auch wenn man sich nur ungefähr vierzig Tage im Jahr dort aufhält, Hauptsache, ein Landhaus für die Familie, in das man jederzeit am Wochenende oder in den Ferien vor der Stadt fliehen kann. Auch wenn die jüngere Generation günstige Reisen in ferne Länder für sich entdeckt hat, Hauptsache, es gibt noch das alte Familien-Landhaus. Das fast 400 Jahre alte Landhaus unserer Familie befindet sich in der saftig-grünen, hügeligen Loire-Region, 40 Kilometer entfernt von Le Mans und Chartres. Wald, Wiese und unzählige kleine, im Sommer erfrischende Seen. Die Ruhe wird nur unterbrochen vom Gesang der Grillen, dem weit entfernten Blöken der Schafe und einem bellenden Dorfhund. In heißen Sommern spenden die fast ein Meter dicken, zum Teil noch aus Lehm bestehenden Hausmauern Kühle, im Winter wärmt der breite mannshohe Kamin. Die alten Gemäuer des Haupthauses mit ihren knarrenden zweiflügligen Türen, die aus Käsezimmern, aus Pferde- oder Ziegenställen umfunktionierten Räume, die

Familienmöbel und Kindheitserinnerungen – die Geborgenheit eines solchen Hauses ist durch nichts zu ersetzen. *Douce maison de campagne!*

## MARIANNE

*Marianne*, die Verkörperung der *République française*, das Nationalsymbol der Freiheit, begegnete mir an einem Junimorgen im Amtszimmer des Bürgermeisters. Der bretonische Ort war so klein, dass man direkt von der Straße aus in das Zimmer lief, ohne Flure zu durchqueren oder bei einer Sekretärin vorsprechen zu müssen. So direkt und unvorbereitet schritt ich zum Bürgermeister hinein, dass ich den Eindruck hatte, die Büste aus kaltem Stein, die das Gesicht der *République française* trug, drehe sich zu mir um. Ihre Augenhöhlen, wie die der meisten steinernen Figuren, waren glatt und leer, und dennoch hatten sie eine Tiefe, die mich ergriff. Ihre Züge waren fein und symmetrisch, schön wie die einer ägyptischen oder römischen Göttin. Was mich wunderte: Sie trug weder den *bonnet phrygien*, die phrygische Mütze, die auf ihren revolutionären Charakter hinweist, noch den typischen Marianne-Kranz, der ihre Weisheit betont. Sie sah anders aus als die Statue der *Marianne* an der *Place de la République* in Paris, die ich kannte. Oder als die von Eugène Delacroix im über drei Meter großen Gemälde *Die Freiheit führt das Volk*, an dessen Seite mein Vater jahrelang im Louvre arbeitete. Die von Delacroix gemalte barbusige *Marianne* erhebt sich in revolutionären Wirren mit der französischen Flagge in der Hand und ist die bekannteste *Marianne*-Darstellung überhaupt. Sie wurde von Mitterrand als starkes republikanisches Symbol eines freien Volkes auserkoren. Ganz anders als die *Marianne*, die Giscard d'Estaing aus einem Gemälde von David wählte. Brigitte Bardot, Mireille Mathieu, Catherine Deneuve oder auch Laeticia Casta – sie alle saßen schon Modell für das französischste aller Gesichter. Das Gesicht der *Marianne* verändert sich. *Marianne* begleitet uns durch das ganze Leben, sie wächst mit uns. In unterschiedlichen Zeiten trägt sie andere Züge und bekommt dadurch immer einen sehr aktuellen Charakter, bekannt und vertraut. *Marianne* ist immer modern. Sie hat es gut, sie wird nie alt.

## LA MARSEILLAISE

*Nationalhymne*

Inbrünstig singen wir sie, unsere *Marseillaise*, obwohl die meisten nur die erste Strophe oder auch nur den Refrain kennen. Wir denken, sie stamme aus Marseille, doch das ist nicht der Fall. Ein Offizier aus dem kleinen, unbekannten Jura-Städtchen Lons-le-Saunier zeichnet verantwortlich, zu der Zeit, als ihm die Melodie und die Sätze einfielen, hielt er sich in Strasbourg auf. Jura und Elsaß also ... Wenn er gewusst hätte, wie sich sein Lied in Windeseile verbreitet! Truppen aus Marseille haben *le chant* dann quasi adoptiert und beim Einmarsch in Paris am 30. Juli 1792 so überzeugend intoniert, dass Pariser ihr den Namen *La Marseillaise* gaben. Schon wieder sind wir Pariser Schuld! Doch eigentlich ist es egal, woher die *Marseillaise* kommt, denn seit dem Ende des 18. Jahrhunderts gehört sie allen.

Das Lied ist einfach, dabei gab es ursprünglich verwirrend viele Varianten im Rhythmus, weit mehr als neunhundert, so dass man lange nicht bestimmen konnte, welches nun das Original-Lied, welches der Original-Rhythmus und welches die Original-Harmonie sei. Es konnte passieren, dass sich Musiker zu einem offiziellen Anlass trafen und verschiedene Varianten der *Marseillaise* spielten. Was für ein herrliches, französisches Chaos! Schließlich bestimmte man eine offizielle Variante, diese aber wurde von Präsident Valéry Giscard d'Estaing verlangsamt und an die ursprünglichen Hörgewohnheiten angepasst. Nicht nur Komponisten wie Berlioz haben sich daran versucht. Auch Schriftsteller wie Lamartine und Victor Hugo haben den Text umgeschrieben, und es wurde und wird immer noch gerne parodiert. Und es dient Musikern – von den Beatles (*All you need is love*) bis zu Skandalmusiker Gainsbourg mit seiner Reggae-Version – als Inspiration fürs eigene Schaffen. Auf letztgenannte in versifften Pariser Musikkellern zu tanzen war einmal sehr angesagt. Der Schöpfer der *Marseillaise* selbst, Rouget de Lisle, hat womöglich Mozart gehört, der in einem Klavierkonzert erstaunlich ähnliche Tonfolgen hat erklingen lassen. Wer weiß?

Schön finde ich, dass die *Marseillaise* heute weiterhin meist nur als Lied gesungen und empfunden wird und nicht mit großer instrumentaler Orchestration, wie die von Berlioz. Die *Marseillaise* wirkt gerade dann besonders echt und glaubwürdig, wenn sie viele Menschen gemeinsam singen. Auch wenn es sich oft schief und krumm anhört, Hauptsache, man ist vereint in diesem einen Gesang für das eigene Land. Ich glaube, den wenigsten ist, wenn sie die *Marseillaise* im Fußballstadion oder anderswo singen, bewusst, dass es sich hier ursprünglich um ein Kriegslied handelte, und keinesfalls um eine Hymne an die Freiheit. Im Refrain werden Waffen besungen, der Text handelt von Blut und Töten, Terror und Tyrannei, Kampf, Zerrissenheit und Rache. Dieses Vokabular des Kampfes vermischt sich mit dem des Sieges und der glorreichen Zukunft – eine verwirrende Rhetorik, die man Kindern nur schwer vermitteln kann. Dabei wird die *Marseillaise* in der Schule gelehrt. Stellt man das in Frage, so erntet man häufig Kopfschütteln und Unverständnis. Von dem schulischen, gebetsartigen Auswendiglernen erhofft man sich eine Rückbesinnung auf große Werte, auf eine Solidarität unter den vereinten Menschen im vollen Bewusstsein großer, früherer Entbehrungen. Am ehesten lernen die Kinder die Hymne bei Sportveranstaltungen – hier erleben sie, dass sie aus Respekt im Stehen gesungen wird. Doch auch hier wird die *Marseillaise* manchmal ausgebuht oder ausgepfiffen. Tja, da steht sie für Freiheit, die alte Dame, und muss aushalten, dass man die Freiheit hat, sie auszubuhen.

La Marseillaise, erste Strophe und Refrain

*Allons enfants de la Patrie,*
*Le jour de gloire est arrivé!*
*Contre nous de la tyrannie,*
*L'étendard sanglant est levé,*
*Entendez-vous dans les campagnes*
*Mugir ces féroces soldats?*

*Ils viennent jusque dans vos bras*
*Égorger vos fils, vos compagnes!*

*Refrain*

*Aux armes, citoyens,*
*Formez vos bataillons,*
*Marchons, marchons! Qu'un sang impur*
*Abreuve nos sillons!*

Brecht auf, Kinder des Vaterlandes,
Denn der Tag des Ruhmes ist da!
Gegen uns wurde der Tyrannei,
Blutiges Banner erhoben
Hört ihr auf den Feldern
Die grausamen Krieger brüllen?
Sie kommen bis in eure Arme,
Um euren Söhnen, euren Frauen
Den Hals durchzuschneiden!

Zu den Waffen Bürger!
Formiert eure Bataillone,
Marschieren wir, marschieren wir!
Damit ein unreines Blut
Unsere Erde tränkt!

**MENU**

*Menü*

Welch große Bedeutung das Essen bei uns hat, erkennt man schon daran, wie viel Zeit täglich dafür investiert wird. Selbst bei Vollzeit arbeitenden Familien wird abends zu Hause eine Menüfolge aus meist vier Gängen serviert: Vorspeise oder Suppe, Hauptspeise, Käse und Dessert. Unter der Woche sind die Speisen selbst nicht aufwendig, kein stundenlanges Köcheln oder Backen. Man bereitet Suppen zu, die ein paar Tage halten, oder einen schnellen Rohkostsalat, hat immer eine Auswahl an Käsesorten im Kühlschrank, das Dessert besteht oft aus Obst oder Quark oder Joghurt. So kann man sich dann bei der frischen Zubereitung und beim Kochen eher auf die Hauptspeise konzentrieren. Die Reihenfolge aber wird streng eingehalten. Aufwendiger wird es natürlich bei größeren Essen, am Wochenende oder an Festtagen. Da gibt es manchmal zwei Hauptspeisen, wie z. B. Fisch und Fleisch, einige Vorspeisen und eine Suppe. Zuvor kredenzt man einen Aperitif mit einigen Kleinigkeiten, *amuses bouche* als kleinen Gruß aus der Küche und nach der Käseplatte das Dessert, anschließend noch einen Digestif oder einen Likör, Kaffee mit

ein bisschen Schokolade oder kleinen *petits fours*. Solch ein Festessen dauert Stunden. Familie und Freunde sitzen zusammen, es wird geredet, gelacht, zwischen den Gängen werden Pausen eingelegt. Manchmal vertritt man sich zwischendurch die Füße im Garten, fängt ein Boule-Spiel an oder wechselt für das Dessert den Platz, z. B. vom Esszimmer auf die Terrasse.

In den Restaurants wird stets eine Kombination aus mehreren Speisen ausgewählt, sehr selten nur ein Gericht, auch mittags, dem heiligen *midi*, auf den in Frankreich nie oder nur sehr ungern verzichtet wird. Selbst in der kleinsten Cafeteria im entlegensten Ort Frankreichs gibt es Menüs – *formule* genannt, bei der die Kombination von drei oder vier Menüteilen, die man beliebig zusammenstellen kann, angeboten wird. Menüs haben eine lange Geschichte. Instinktiv oder aus Gewohnheit wählt die halbe Nation immer noch nach dem Muster aus dem 19. Jahrhundert, bei dem *le service à la russe* den *service à la française* verdrängte. Richtete man zuvor und bei Hofe alle Speisen opulent gleichzeitig auf Platten oder Schüsseln auf dem Tisch an – süß und deftig durcheinander –, so änderte sich dies durch den Einfluss des russischen Hofs. Fortan gab es eine strikte Reihenfolge, und die Speisen wurden tellergerecht aufgeteilt und serviert. Nach der Revolution wurden viele höfische Köche arbeitslos und bauten sich mit einem Restaurant eine neue Existenz auf. Die Gepflogenheiten des *service à la russe* setzten sich durch und blieben bis heute erhalten. Bezeichnungen wie *à la carte* stammen übrigens auch aus dieser Zeit – *la carte* als das kartonierte Papier, auf dem das Menü stand. *Bon appétit!*

## MER ATLANTIQUE, MER DU NORD, MER MÉDITÉRANÉE, LA MANCHE

*Atlantik, Nordsee, Mittelmeer, Ärmelkanal*

Der Sänger Charles Trenet wurde 1913 am selben Tag wie meine Großmutter geboren. Besonders sein Lied *La mer* liebte sie: mit dem wunderbaren Bild vom Meer, das an den hellen Küsten tanzt, mit seinem silbernen Glitzern, das je nach Licht wechselt. Uns erzählte sie beim Einschlafen von dem Himmel, den Trenet besingt. Es war ein Sommerhimmel – und das Meer vermischt seine weißen schäfchengleichen Schaumkronen mit den engelsgleichen Wolken.

Meine Großmutter sang auch von den kleinen Seen mit den großen rostfarbenen Schilfpflanzen, den weißen Vögeln und den kleinen Häusern. Oft schaukelte sie uns mit *La mer*, das eigentlich ein Liebeslied war, in den Schlaf. Das Meer hat mein Herz das ganze Leben lang geschaukelt. Meine Großmutter erinnerten die rostfarbenen Schilfpflanzen an die in der Herbstsonne leuchtenden Rebenblätter in den Hügeln der Cognac-Region, wo sie aufgewachsen war. Die weißen Vögel waren für sie die Möwen, die vom 80 Kilometer entfernten tosenden Atlantik herüberflogen. Die Meeresluft und das Leuchten der Elemente spürte man dort auf ganz besondere Weise. So hat jeder sein Stückchen Meer und sein Stückchen Erinnerung.

## MERDE

*Scheiße*

Wenn es eine Hitliste der französischen Flüche gäbe, stünde *merde* an erster Stelle. Dieses kleine Wort hat je nach Intonation viele Bedeutungen. Dabei ist *merde* schon lange gesellschaftsfähig. Obwohl höfliche Autoren das Wort mit *m*... abkürzen, noch höflichere es vermeiden und es durch *mince*! oder *zut*! ersetzen, kann *merde* benutzt werden, um eigentlich alles zu bezeichnen, was es im Leben so gibt. Sogar der Dichter Rimbaud meinte: *Merde à Dieu.* Selbst vor Gott wird nicht Halt gemacht, auch nicht vor Kriegsgegnern, wie die bekannten Sprüche auf in den Kriegen zirkulierenden Postkarten und in Liedern (*Merde pour le roi de Prusse, Merde au roi d'Angleterre)* zeigen. Je nach Bedarf kann es in eigentlich allen Sätzen gebraucht werden, um schlechte Eigenschaften zu bezeichnen, wie z. B.in *Ça, c'est une organisation à la merde!* Oder als Substantiv für *J'ai fabriqué une grosse merde!*, was so viel heißt wie: Ich habe einen großen Fehler gemacht, ein Chaos angerichtet. Man macht andere, den Staat oder Parteien, für eigene Probleme verantwortlich, indem man sagt, *ils nous ont mis dans la merde.* Gerade im Berufsleben benutzen viele, Frauen wie Männer, das kleine Wort ohne schlechtes Gewissen. *Merde alors!* wird verwendet, um Überraschung, Wut oder Verwunderung auszudrücken, *oui ou merde?* ist ein bekannter Ersatz für *oui ou non.* Zum Glück gibt es also *merde* ...

»*Zut!* ist keine wirkliche Alternative«, meint mein Freund Bernard. »Ich benutze *zut!* zwar auch, aber wenn es wirklich ernst, dramatisch und wichtig ist, hilft nur *merde! Zut* ist und bleibt immer eine Interjektion, *merde* kann ich mit der Betonung auf den Vokal, *meeeeeeerde,* weit anklagender wirken lassen.« Ja, da hat er recht. *Merde* benutzt man, wenn man wütend ist, am häufigsten, *zut* ist dagegen harmlos.

Doch bei so viel Fluchen, Ungeduld und Wut ist auch etwas Positives an dem kleinen Wort hängengeblieben. In der Theater- und Tanzszene bedeutete es lange: »Viel Glück!« Das rührte von den Hinterlassenschaften der Fiakerpferde her, die bei erfolgreichen Opern- oder Theaterpremieren Ende des 19. Jahrhunderts in ihren Gespannen zuhauf vor den Theatern standen und auf Kundschaft warteten. Heute erinnert daran nur noch der Gebrauch unter Studenten oder Abiturienten vor Prüfungen: Dort bedeutet *Merde* ebenfalls: »Viel Glück!«

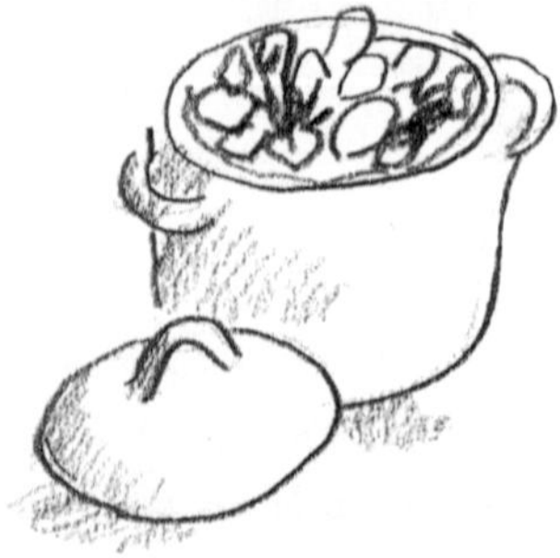

## MOULES FRITES

*Muscheln mit Fritten*

Die *soirée moules-frites*, die vom Festkomitee des Dorfes organisiert wird, ist gleichzeitig auch eine *soirée dansante.* Miesmuscheln, Fritten und Tanzen scheinen sich prima zu ergänzen, wenn man bedenkt, wie oft im Sommer solche *soirées* stattfinden. Eine einfache Mahlzeit, bei der man mit den Händen isst, lockert sicher die Atmosphäre auf. Die beste Voraussetzung, um sich beim Tanzen näherzukommen ... Es sei denn, es entbrennt der bekannte Streit über den Ursprung des zweitbeliebtesten Gerichts in Frankreich – kam es von Belgien in den Norden Frankreichs oder umgekehrt? Wahrscheinlich ist es wie bei der *tarte au citron* – wir Franzosen sind uns sicher: Wir waren die Erfinder. Aber halt: Für die Zubereitung dieses Gerichts braucht man nicht nur wenig Zeit, sondern auch kaum Vorkenntnisse. Waren's also doch die Belgier?

## MUGUETS

*Maiglöckchen*

Der kleine Marcel war beim Verkaufen immer am lautesten: *Du muguet, allez, mesdames et messieurs, du muguet!* Wie alle anderen Kinder war er am Tag zuvor in dem Wald bei Nantes im Unterholz herumgekrochen, um die Blumenteppiche abzuräumen. Doch im Unterschied zu den anderen hatte er die besten Stellen ab Mitte April beobachtet und wusste: Wo ein Maiglöckchen wächst, wird bald ein ganzer Teppich sein. Feucht und mild musste das Wetter sein, nicht zu sonnig die Fläche. Und er fuhr reichliche Ernte ein. Am 1. Mai früh am Morgen machte er sich mit einem kleinen Handwagen auf den Weg, seine Maiglöckchen waren zu kleinen Sträußen gebunden und mit feinen Papiertüchern befeuchtet, fertig zum Verkauf. Heute war der einzige Tag im Jahr, wo jedermann, ohne Steuern und Genehmigung, wild gepflückte Maiglöckchen am Straßenrand verkaufen durfte – vorausgesetzt, man verzichtete auf jedwelche Verpackung. Für Marcel *die* Gelegenheit, sein Taschengeld aufzubessern. Es konnte losgehen: *Du muguet, allez, mesdames et messieurs, du muguet!*

Der Brauch, zum 1. Mai Maiglöckchen zu verschenken, um dem Beschenkten Glück zu wünschen, ist in ganz Frankreich verbreitet. Hat das Blümchen 13 Glöckchen, bringt es besonders viel Glück. Seit Karl IX. 1560 den Frauen seines Hofes die weiß-grünen Blumen schenkte, verbreitete sich der Brauch im ganzen Reich. Eine hübsche Idee, der das Verb *muguete*r entstammt, was so viel heißt wie: gefallen wollen oder verführen. Ja, das tun sie, die Maiglöckchen mit ihrem süßlichen Duft, sie verführen einen so sehr, dass große Pariser Modeschöpfer im beginnenden 20. Jahrhundert Kundinnen wie Näherinnen als Zeichen der Liebe und Freundschaft am 1. Mai welche schenkten. Jedes Jahr sind die Maiglöckchen Teil des Modezirkus. Christian Dior hat sie zum Markenzeichen seines Hauses gemacht. Die kommunistische Partei nutzt seit je die *muguet*-Tradition, um am Tag der Arbeit fleißig Werbung zu machen und Maiglöckchen zu verkaufen. Als Käufer hat man also die Wahl zwischen militanten Maiglöckchen und Maiglöckchen als Liebesbeweis.

# N

## NE VOUS INQUIÉTEZ PAS!

*Keine Sorge!*

*Mais, ma p'tite dame, ne vous inquiétez pas!* Er hat gut reden, der Klempner in seinem Blaumann. Ich warte schon seit Wochen auf den Termin, wurde schon zigfach furchtbar freundlich vertröstet und beruhigt. Es ist ja nur, dass die Leitung undicht ist und tropft. Es ist ja nur, dass wir jeden Tag Eimer voller Wasser sammeln müssen. Es ist ja nur, dass er der einzige Klempner weit und breit ist und daher so etwas wie der reinkarnierte Sonnenkönig, bei dem man Audienz erhalten und abwarten muss, bis dieser einem gnädig seine kostbare Zeit gegen eine horrende Rechnung schenkt. Die freundliche Dame am Telefon beschwichtigt mich: Ja, der Klempner sei benachrichtigt. Ja, er werde kommen. Nein, man wisse noch nicht wann. Aber: *Ne vous inquiétez pas! Ne vous inquiétez pas* ist das Beruhigungsmantra aller Handwerker. Es dient auch der Marktfrau beim Erklären eines Marmeladenrezepts: *Ne vous inquiétez pas,* es ist sehr einfach. Oder dem IT-Kollegen bei der Arbeit: Ihr Computer ist abgestürzt, *ne vous inquiétez pas.* Oder bei der dringlichen Mahnung der Steuerbehörde: Es ist lediglich eine Erinnerung an die dringend fällige Steuer, sollten Sie nicht zahlen, landen Sie im Gefängnis, aber *ne vous inquiétez pas. Ne vous inquiétez pas,* sagt auch der Präsident bei der Weihnachtsansprache an die Nation im Jahr der

Terroranschläge in Paris. Es steht in der Bedienungsanleitung der Spülmaschine, *ne vous inquiétez pas,* wenn diese laute, ungewöhnliche Töne von sich gibt. Eigentlich ist es der Beruhigungsspruch aller Franzosen in allen Lebenslagen. Sollte also die Spülmaschine explodieren, die Marmelade überkochen, die Steuerbehörde ihnen die Polizei auf den Hals hetzen, sollten ihre Computerdaten unwiederbringlich verloren sein, dann machen Sie sich den Spruch zu eigen, sagen Sie sich: *Ne t'inquiètes pas.* Die Erde dreht sich, und das Leben geht weiter.

# O

## O LÀ LÀ

Kennen Sie O là là?

Luxembourg. Ich steige aus der Metrostation hoch in die Kühle der Stadt. Luxembourg – nur noch vier Minuten bis zur Sorbonne. Ich schlage den Kragen meines Mantels hoch. Es ist frisch geworden, ein kühler Herbstanfang. Unterlagen unterm Arm, Handtasche über die Schulter geworfen. Der Wind bläst hinter mir her. Und dann: *O là là!* Ich drehe mich um und kann nur knapp den Mann vorbeigehen sehen, der mir das Typischste zuruft, was man in Frankreich hören kann. *O là là!* Ich schwanke zwischen Genervt- und Geschmeicheltsein. Aber es hat etwas Reizendes. Man staunt, man bewundert, man zwinkert sich zu. Man schreibt die Interjektion, um dieses Gefühl auszudrücken. »*O là là*, was für eine Überraschung.« »*O là là*, welch schöne Frau!« »*O là là*, ein fescher Mann!« Man streut das *O là là* ein, um seiner Rede einen französischen *Touch* zu verpassen. Etliche Dessous- und Damenbekleidungsgeschäfte heißen so – in Andeutung des Subtilen, des Feschen, gar des Schlüpfrigen. So ein *O là là* hat aber auch seine negative Seite, in der Verlängerung *Olàlàlàlàlàlà* und der Verkürzung *O là*. Beides ein Spruch, den ich oft gehört und – ich gebe es zu – oft benutzt habe. Damit drückt man Genervtsein und Ungeduld aus. Eltern Kindern gegenüber, Ehefrauen Ehemännern gegenüber, Sportskollegen zu-

METROPOLITAIN

einander. Doch es ist nie beleidigend, immer schwingt ein Zwinkern mit, nie ist es ganz ernst gemeint. Diese Leichtigkeit im positiven wie im negativen Sinn versöhnt mich mit dem *O là là* des Mannes an der Luxembourg-Station.

Übrigens: Das *O là là* ist als Interjektion seit dem Lied *Oh là là l'amour* ... auch in Deutschland beliebt. Das war 1972 – die Französin Séverine sang auf Deutsch ...

# P

## PARIS, VILLE DE L'AMOUR

*Paris, Stadt der Liebe*

Paris ist schon lange nicht mehr der alleinige Sehnsuchtsort, die alleinige kulturelle Hauptstadt Europas. Diesen Titel muss sie sich mittlerweile mit ein paar anderen teilen. Doch Paris ist immer noch die Stadt der Liebe! Die Stadt, in der der Professor und zölibatäre Priester Abaelard und die junge Studentin Heloisa sich liebten, fern aller Konventionen, die erste echte Liebesgeschichte Europas, nachzulesen in ihren wunderschönen Briefen. Oder Camille Claudel und Auguste Rodin, Jean-Paul Sartre und Simone de Beauvoir. Wie die Künstlerin Niki de Saint Phalle schrieb: Paris ist eine Zauberstadt! In die Paare aus aller Welt schon immer und immer noch hinreisen, um sich ihrer Liebe am Seineufer oder vor dem Eiffelturm zu vergewissern. Als wäre Paris ihre Trauzeugin. Paris und seine Liebespaare: Der Fotograf Robert Doisneau hat sie in den Pariser Cafés so treffsicher abgelichtet. Und sie haben den *pont des Arts* mit den vielen Liebesschlössern fast zum Einsturz gebracht. Paris taugt für die Liebe, immer noch, und bietet die perfekte Kulisse für Leidenschaft und Poesie.

## UN PASTIS À MARSEILLE

*Ein Pastis in Marseille*

Das Leben in Marseille wird bestimmt von einem Wechsel der Geschwindigkeiten. In der Hitze und Trägheit des Sommers macht sich Langsamkeit breit. Warten. Auf ein Schiff im Hafen dieser südlichen Stadt, die sich wie mit ausgebreiteten Armen dem Meer öffnet. Das Warten ist eine Erholung nach dem quirligen Auf und Ab der Stadt mit ihren Hügeln, den girlandenförmigen Straßen, dem Labyrinth der Gassen, die keinen anderen Ausblick erlauben als den auf rabenschwarze Häuserfassaden und ab und zu auf ein Rechteck aus Licht und Glitzern am Hafen. Der Verkehr lärmt, die Bürgersteige sind eng, die Menschen haben es eilig. Ein Mann schiebt Paletten auf Rollen mit in Plastik eingepackten Waren und bahnt sich den Weg durch die Menge. Eine Mutter mit drei Kindern lässt sich den Platz nicht streitig machen und wettert gegen ihn. Plakatfetzen auf verblichenen Vitrinen zeugen von einer

besseren Zeit. Vor Jahren geschlossene Geschäfte haben einen Teil ihrer Waren im Inneren zurückgelassen, eine skurrile Mischung aus dunklen Hüten, Haarbürsten, Federboas, Handtaschen und Taschenspiegeln, deren Reflexe den Eindruck erwecken, als gäbe es dort noch Leben. Überbleibsel aus einer Zeit, als Marseille prosperierte. Ich warte auf den Kellner. Der hat es nicht eilig. Er kostet den Moment aus, in dem ich ihm ausgeliefert bin.

Pastis? Du meinst *un jaune*! *Duval* oder *Casanis*? *Berger* oder *Janot*? Er gibt mit seinen Markennamen an. Wer im Herzen Marseilles Pastis auf der Karte stehen hat, der hält etwas auf sich, selbst in einem nichtssagenden trüben Quartier-Café wie diesem hier. Schließlich balanciert er zwei Ricard-Gläser auf seinem Tablett, mit einer daumenhohen milchig-gelben trüben Flüssigkeit, ein paar Eiswürfeln, einer kleinen Karaffe mit frischem Wasser und einem altmodischen Schälchen mit einigen grünen und schwarzen Oliven. Mit gekonnten Bewegungen, die Gläser nur mit zwei Fingern haltend, stellt er alles vor uns, schnippt den Kassenzettel auf die Zinkplatte des Bistrotischs, zerreißt ihn als Zeichen dafür, dass bezahlt wurde, und bleibt wortlos an unserem Tisch stehen in Erwartung unseres Zehn-Euro-Scheins. Ich greife nach meinem Glas und schütte genau so viel Wasser hinein, dass die hellgelbe Farbe entsteht, die ich liebe, nämlich fünfmal so viel Wasser wie Alkohol. Ein Gelb wie das Gelb der Wintersonne, die versucht, den Nebel der Champagne zu durchdringen.

Ich mag ihn nicht zu *gras*, so nennt man ihn, wenn er mit wenig Wasser recht dickflüssig bleibt. Schon strömt mir der Anisduft entgegen, und ich freue mich auf den intensiven Geschmack von grünem Anis und Fenchel, der sich mit dem salzigen Geruch des Hafens mischt, an dessen westlichem Rand unsere Caféterrasse liegt. Ich spüre die gelbe Flüssigkeit meinen Rachen hinunterfließen, eine leichte Schärfe macht sich in meinem Gaumen breit. Ich denke an den Sänger Serge Gainsbourg. Nach ihm ist eine Pastis-Zubereitungsart benannt, der »102«. Die Zahl entspricht genau dem Doppelten der Zahl 51, also der Pastismarke von Pernod Ricard, die 1951 kreiert wurde. Zweimal die Daumenbreite Pastis, die ich üblicherweise trinke: Der »102« von Gainsbourg ist scharf und intensiv. Das Schiff hat Verspätung. Das kommt uns gerade recht, bleiben wir doch zum Mittagessen im Café. Einen leichten grünen Salat mit gegrillten Gambas, die in der Pfanne mit Pastis flambiert wurden bitte … *J'adore.*

## PEINTRES

*Maler*

*La France peinte,* gemaltes Frankreich. Seit der Revolution stellt Frankreich Gemälde und Kunstgegenstände aus Schlössern und Residenzen, die konfisziert und dann dem Volk zurückgegeben wurden, stolz in seinen Museen aus. An den ersten Sonntagen im Monat gewähren etliche Museen kostenfreien Eintritt. Dann strömen Familien mit Kindern hinein, denn es ist heute in gutbürgerlichen Schichten immer noch üblich, Kindern Kunst durch Museumsbesuche näherzubringen. Frankreich betrachtet man in Gemälden von Malern wie Jean Cocteau, Claude Monet, Auguste Renoir, Paul Cézanne, Henri Toulouse-Lautrec, Gustave Courbet, Marc Chagall, Maurice Denis und vielen anderen, quer durch alle Epochen. Einer hat es mir besonders angetan, er ist wohl der Urfranzösischste, vielleicht, weil er nie aus Frankreich hinauskam: Henri Rousseau, unser Namensvetter, Postimpressionist und Maler der Naiven Kunst, Sohn aus dem Norden und Autodidakt. Von Beruf Zollbeamter war er einer der Kopisten und Skizzenlieferanten des Louvre. Er malte naive Szenen und Tiere, die er nie in freier Natur gesehen hatte, sondern im Botanischen Garten von Paris beobachtete. Picasso schätzte ihn und kaufte ihm Bilder ab, die heute in seiner Privatsammlung im Picasso-Museum in Paris zu sehen sind. Mein Vater war im Louvre angestellt, und wir Kinder besuchten ihn dort häufig. Damals waren Museumswächter mehr als nur Wächter, sie waren Frauen und Männer für alle Fälle: Helfer bei Abteilungsumzügen und Rahmen- oder Leiterhal-

Toulouse-Lautrec

ter bei neuen Aufhängungen, kunstsinnige Museumsführer für Gruppen und Individualbesucher, liebevolle Betreuer der vielen Kopisten aus Asien oder anderswo. Die Arbeit und die Sicht der Kopisten auf die französischen Originalwerke faszinierten mich. Oft brachten erst sie uns die Genialität der Werke, die sonst nur Kulisse unserer Kinderspiele waren, ins Bewusstsein. Ich ging im Louvre durch den Pavillon Turgot und besuchte immer die marmorne Statue Jean-Jacques Rousseaus. Entbot ihm, der in der rechten Hand einen Stift hielt und die linke Hand aufs Jackenrevers gelegt hatte, einen Gruß, um dann zu Henri weiterzueilen. Namensgleichheit verpflichtet.

## PETIT

*Klein*

In Frankreich lieben wir die Verkleinerungsvokabel *petit*. Man beginnt den Tag mit *le petit-déjeuner*. Das französische Frühstück, bestehend aus einem *bol de café au lait* und einem Stück Baguette, als »kleines Mittagessen« zu titulieren ist eine liebevolle Übertreibung. Als junges Mädchen hat man einen *petit* ami, selbst wenn besagter Freund 1,94 Meter misst. In Bars bestellt man sich *un p'tit blanc* oder *un p'tit rouge – pour commencer*. Das ist Lebensart. Ebenso wie in einem Lokal zu Mittag einen »0,1« von der Loire oder aus dem Burgund zu bestellen. Für mich bitte einen *p'tit blanc*, also weiß! Da dieser in einem *pichet*, einem dieser hellbraunen Krüge, serviert wird, sieht man nicht sofort, dass aus einem kleinen bald ein großes Glas wird. Etwas angeheitert kehrt man ins Büro zurück und wird von dem Kollegen mit bedenklicher Miene und einem *p'tit problème* konfrontiert. Man sollte wissen: Besser hat man kein *p'tit problème*. Denn *p'tit problèmes* stellen sich bei genauerem Hinsehen meist als *grand problèmes* heraus. Franzosen lieben das Wort *petit*, außer wenn es sich um die Küche handelt – meines Wissens gibt es nur die *Grande* oder *Haute cuisine*. Nur beim *petit suisse* macht man eine Ausnahme, einem in Frankreich sehr beliebten Frischkäse in kleinen Portionen. Ach, ein anderer noch ist, der Prinz, der kleine, den Saint-Exupéry sich im New Yorker Exil ausdachte.

## PIÉTONS

*Fußgänger*

Französische Fußgänger haben eine ganz eigene Art, die Straße zu überqueren. Ich gebe zu, ich bin eine französische Fußgängerin, eine *piétonne*. An mir rasen unzählige Autos vorbei. Es gibt zahlreiche Zebrastreifen – doch keiner beachtet sie. Wie alle anderen gehe auch ich einfach so über die Straße, nachdem ich mich vergewissert habe, dass keine Autos nahen bzw. dass sie alle im Stau zum Stillstand gekommen sind. Dann schlängele ich mich hinter dem einen und vor dem anderen durch, an Motorrädern vorbei, die nur darauf warten, dass es weitergeht. Ich brauche keine Ampel, ich brauche keine Regel. Die einzige Regel, die ich kenne, ist eine sportliche: Es ist rot, also gehe ich. Ich höre nur noch das Lachen derjenigen, die sich mit mir durch den Verkehr wühlen, während ausländische Touristen brav auf das grüne Ampelmännchen warten. Was sie nicht wissen: Die rot-grünen Fußgänger-Ampeln sind nur Dekor. Bei Rot zu gehen, ist eine Kunst: Nicht lange zögern, nach links und rechts schauen, nur noch kurz innehalten, dann Mut fassen und im letzten Augenblick bei Rot gehen. Und die Kunst ist auch, keinen Augenkontakt mit den anfahrenden Autofahrern aufzunehmen und selbstbewusst, das Kinn leicht erhoben wie Éloïse (in Kay Thompsons *Éloïse à Paris*, 1962), über die Straße zu gehen. Die anderen werden schon halten. Schließlich bin ich die *piétonne*. Es gibt eine klare, unumgängliche Hierarchie: *piétons* haben Vorrang. Diese Hierarchie gerät allerdings gerade ins Wanken, denn das Aufkommen der städtischen Mietfahrräder sorgt nicht nur in Paris für neue Probleme. Es gibt Streit um die Trottoirs. Damit die Fußgänger zu mehr Recht kommen, wird die Stilllegung und Umgestaltung von Straßen diskutiert, und Möglichkeiten zur Verlangsamung des Verkehrs. Das sorgt natürlich für neuen Zündstoff. Die Autofahrer vergessen gern, dass gerade in der Stadt das Hauptfortbewegungsmittel immer noch die eigenen Füße sind. Unter den Fußgängern herrscht die Meinung, dass sie alle Rechte haben und alle anderen Verkehrsteilnehmer sich nach ihnen zu richten haben. Zu dieser Ansicht trägt die Tatsache bei, dass falsches Fußgängerverhalten mit nur unglaublich geringen 4 Euro Strafe geahndet wird. Was so wenig Strafe bringt, kann ja auch nicht so wichtig sein ...

Die Kunst des »Bei-Rot-Laufens« bleibt, was sie ist: eine kleine Frechheit, aber auch ein immerwährendes Rennen. Und ein gutes Erkennungszeichen im Ausland, nach dem Motto: Zeig mir, wie du über die Straße gehst, und ich sage dir, woher du kommst.

## PLAISIRS

*Genuss*

*Plaisirs* gibt es bei uns nur in der Mehrzahl. Da es so viele sind, stellen wir ihnen eines unserer Lieblingswörter an die Seite, *petits plaisirs*. Das sagt alles. Man braucht nicht den großen, vergänglichen Glücksmoment. Das Leben besteht aus lauter kleinen einzelnen Glücksmomenten, die man sich bewusst gönnt, die man zelebriert. Entsprechend heißen sie *petits plaisirs de la vie*. Die *petits plaisirs de la vie* sind die kleine Tasse Kaffee, ein bewusstes Innehalten im Laufe des Tages, einen kleinen Spaziergang machen, sich Zeit nehmen für ein Telefonat, ein kurzer Moment, den man sich aus den Verpflichtungen des Alltags stiehlt, weil man das Recht dazu hat und das Leben genießen will.

Es müssen vier *plaisirs* pro Tag sein, meint meine Freundin Évelyne – vier Momente, die uns Energie spenden, uns guttun, beruhigen, die uns Freude bereiten, die uns mit uns selbst und der Welt versöhnen. Évelyne meint, es sind unsere fünf Sinne, die wir Franzosen dabei spüren, allen voran die sensitiven, daher sind *plaisirs d'amour*, die der Liebe, und *plaisirs de bouche*, die kulinarischen, an vorderster Stelle. Man könnte meinen, *les plaisirs sont nos métiers* – die *plaisirs* sind unser Beruf.

CAFE

## PLAQUES D'IMMATRICULATION

*Nummernschilder*

Nummernschilder gelten in Frankreich seit je als Identifikationsmittel. Erst war es die weiße Schrift auf schwarzem Grund, später die schwarze Schrift auf weißem. Früher waren die ersten Buchstaben egal, was galt, waren die zwei hinteren Ziffern, die das *département* anzeigten. Damit konnte man identifizieren, woher das Auto bzw. dessen Insassen stammten. Fuhr man mit einer 75 für Paris und begegnete einer 78 für die westliche Pariser Region, dann schnaufte man verächtlich: *Ah, un banlieusard!* Überholte man eine 59, sagte man sich, schon wieder eine lahme Ente aus dem Norden! Eine 69: *ah Le Rhône,* Lyon und Saucisson. Je nach Familienverhältnissen und Reiseerfahrung hatte man seine Präferenzen. Fand man eine 55, so wunderte man sich nicht, dass er langsam fuhr, da er ja von la Meuse kam, *La Meuse endormeuse* war ein Spruch nach dem Dichter Charles Péguy. So konnte man sich die Reisezeit im Auto mit Raten und Geschichtenerzählen vertreiben.

Nummernschilder haben viel mit französischer Lebensart zu tun. Das bekam auch die französische Regierung zu spüren, als das jahrzehntealte System, nach denen diese organisiert waren, vor einigen Jahren umgestellt werden sollte. Jedes Auto sollte ein Nummernschild auf Lebenszeit bekommen. Ein Sturm der Entrüstung entlud sich, Protestgruppen bildeten sich, die regionalen Regierungsvertreter probten den Aufstand, es wurde die Revolution ausgerufen, und die Regierung musste das Gesetzesvorhaben justieren. Heute ist zwar die schwarze Schrift auf weißem Grund Pflicht, aber der Autobesitzer kann selbst wählen, welche *département*-Nummer er gerne auf seinem Schild sehen möchte, unabhängig von seiner aktuellen Adresse. Es steht ihm frei, zu bestimmen, ob er seine Heimat oder seine Wahlheimat oder eine ganz andere Region mit einer Nummer bedacht haben möchte. Ruhig ist es geworden um die Nummerndebatte. Gut, dass die Regierung nicht eine alte Regel aus dem 19. Jahrhundert wieder hervorholt, nach der auch Fahrräder Nummernschilder tragen mussten. Sonst käme womöglich eine neue kleine Revolution auf uns zu.

## POISSON D'AVRIL

*Aprilscherz*

Die alte Bouquinistin an der *rive gauche* öffnet wie jeden Tag, egal bei welchem Wetter, gegen elf Uhr ihre dunkelgrünen Kisten. Die Hände in wollenen, fingerlosen Handschuhen, einen dicken Schal um den Hals geschlungen und auf dem Kopf eine zu große Baskenmütze, die ihre besten Tage schon lange hinter sich hat. Die Luft ist kalt, und beim Auspacken ihrer Schätze, alten, nachkolorierten Gravuren und Postkarten, atmet sie schwer und hinterlässt kleine weiße Wölkchen, die sich rasch auflösen. Der Verkehr fließt ruhig am Seineufer entlang, nur wenige Menschen sind in der Kälte unterwegs. Sie lässt sich Zeit und nimmt sich eine Pappschachtel voller Postkarten vor, die sie gestern von dem Kollegen von der *rive droite* ergattern konnte, der für Karten nichts übrig hat. »Idiot«, murmelt sie in ihren Schal, »schimpft sich bester Verkäufer der *rive droite,* hat aber keine Ahnung von nichts.« Und weiter: »Warum lässt er sich solch einen Fund entgehen?« Sie setzt sich auf ihren Klappstuhl, nimmt die Schachtel liebevoll auf den Schoß und betrachtet die Karten, eine nach der anderen. Ostern und *poissons d'avril* – hier hatte jemand alle *poissons d'avril*-Karten gesammelt, derer er fündig werden konnte. Ein junger dandyhafter Mann mit auffälligem Schnurrbart hält einen riesigen Fisch in die Höhe und wünscht dem Betrachter frohe Ostern! Eine andere Karte zeigt zwei junge Frauen mit Schleifen in den Haaren. Die eine hält ein Schild in den Händen, auf dem handgeschrieben steht: *poisson d'avril.* Eine Anspielung auf die Scherze, die man sich im Namen der *poissons d'avril* erlaubt, so ist es etwa üblich, lustige Zettel auf den Rücken anderer zu heften. »Als Kinder bekamen wir an Ostern sogenannte Aprilfische aus der *Chocolaterie,* diese mit besonderen Trüffel-Pralinen gefüllten Schokoladenfische waren für mich gleichbedeutend mit Ostern«, erinnert sich die Bouquinistin. »Fische an Ostern erinnerten an die christliche Tradition, in der Fastenzeit kein Fleisch zu

essen.« Einige Passanten schlendern heran. An ihrem Gang erkennt die alte Bouquinistin mit geübtem Blick, dass es potentielle Kunden sind. Sie legt die Karten sorgfältig in die Schachtel zurück, klappt den Deckel zu, seufzt leise und verstaut sie an einer schwer zugänglichen Stelle. Sie will sie noch eine Weile für sich haben, ihre *poissons d'avril*-Karten, bevor sie sie zum Kauf anbietet. Wer weiß, vielleicht sehen die Menschen, die bei ihr an den grünen Kisten Halt machen, nicht, was sie da an kleinen Schätzen hat. *Tant mieux*, sagt sie sich.

## POULET ET POULETS

*Huhn und Polizei*

In dem Film *Le gendarme de Saint-Tropez* versucht Louis de Funès, wild gestikulierend mit ausgebreiteten Armen, den Verkehr zu regeln. Er steht inmitten einer großen Kreuzung auf einer etwas erhöhten Verkehrsinsel, zieht Grimassen und benutzt seine ganze Überzeugungskraft, um unbeirrbare Autofahrer abwechselnd anzuhalten oder zum Fahren zu bewegen. Mit der typischen Kopfbedeckung der Gendarmen, dem *képi*, und dem großen, weiten dunkelblauen Umhang sah er tatsächlich aus, als wolle er wie ein Huhn die Flügel ausbreiten, um gleich loszuflattern. Also ein echter *poulet*! Dabei waren Polizisten in Frankreich oft per Fahrrad unterwegs, und man nannte sie deshalb auch *hirondelles*, Schwalben. Welch romantische Vorstellung! Es hatte aber nichts mit dem wehenden blauen Umhang zu tun, der an diese schönen Vögel mit dem blau-schwarzen Rücken erinnern könnte, sondern viel pragmatischer mit einer Fahrradmarke aus Saint-Étienne, die so hieß.

Sie fragen sich, warum Polizisten *poulets* heißen, so wie die typischen Sonntagsgerichte vieler Franzosen, die sie abwechselnd gegrillt oder mit Zitronensauce zubereiten? Ende des 19. Jahrhunderts wurden ein paar Polizeireviere mitten in Paris eingerichtet, eines davon ausgerechnet am ehemaligen Geflügelmarkt inmitten der Île de la Cité im alten Paris. Fortan nannten die Pariser ihre Polizei *les poulets*, in Erinnerung an den Handel mit dem zweibeinigen Geflügel.

Auch heute heißt es: *Méfiez vous, les poulets* – Achtung, Polizei. Oder auch: *les flics, les schmidts, les keufs* – die Bullen – in den Vororten, den *banlieues*. Jeder wählt, was ihm gefällt.

## PROTOCOLLAIRE

*protokollarisch*

*Mes hommages, Madame!* Respektbezeugungen gehen in Frankreich oft mit Gesten einher. Bei dieser Begrüßung stellen wir uns einen Handkuss vor. *Hommages* zu bezeugen geht nur in eine Richtung: von einem Mann einer Frau gegenüber. Und wie antwortet man darauf?

Wir Franzosen hören oft, wir seien zeremoniös in unserem Handeln, nicht nur im politischen, sondern auch im gesellschaftlichen Leben: Wer wo sitzt, wer Vorrang hat, wer zuerst begrüßt wird, das unterliegt strengen Vorschriften. Scheinbar unsichtbaren Regeln folgend, hat sich ein Ritus etabliert, der Fremden auffällt. Gerade in den Begrüßungen von Fremden sind wir formell, pflegen eine Geste meist mit Worten zu begleiten und *enchanté* oder *ravi de vous rencontrer* zu hauchen. Wir kommen prinzipiell zehn oder fünfzehn Minuten zu spät. Pünktlich, also zur vereinbarten Zeit zu kommen, gilt als zu früh. Wer hat sich das alles ausgedacht, und woher kommen diese Usancen?

Prägend für diese Art von allgemeinem, inoffiziellem Regelwerk sind, vermute ich, die offiziellen Protokolle, hinter denen wiederum Gesetze stehen. Wer zuerst das Wort ergreift und eine Rede hält, wer zuerst bei einer Veranstaltung ankommt und zuerst geht, wer wo am Tisch sitzt – all das steht in einem *décret*, das allen französischen Bürgermeistern bei Amtsantritt in die Hand gedrückt wird. Darin ist festgelegt, wer in welcher Reihenfolge eingeladen werden darf und wie die blau-weiß-rote Schärpe zu tragen ist. Das französische Zeremoniell hat mit der Zeit auf das Alltagsleben abgefärbt.

Takt zu zeigen, die richtigen Gesten im richtigen Moment zum richtigen Zeitpunkt – das sind kleine Codes und Konventionen, die von den meisten verstanden werden. Sie regeln den zwischenmenschlichen Verkehr und werden von Generation zu Generation weitergegeben. Bei jeder Revolte gegen das System werden sie mit angegriffen. Die staatlichen Protokolle machen höchstens fünf bis sechs Seiten aus. Und darin steht nicht, was man auf *Mes hommages, Madame!* antwortet. Nicht, dass man das allzu oft zu hören bekommt. Ich sage Ihnen dennoch, wie ich darauf antworte: Mit einem *merci*, einem leichten Kopfnicken oder mit einem Lächeln.

## PUTAIN

*Verdammt*

*Putain heißt* eigentlich »Prostituierte«. In höheren Klassen vermied man diesen Fluch deshalb, er war dem Volk überlassen. Wollte man besonders unflätig sein, fügte man noch *sale* oder *grosse* als Adjektiv hinzu. Wollte man seine Zugehörigkeit zu Menschen mit besonders höflichen Manieren zeigen, sagte man *purée* statt *putain*. Heute ist der Ausruf einer der meistgenutzten, besonders Großstädter führen ihn in allen erdenkbaren Situationen im Mund, so wie ein *Oh!*, als Zeichen der Verwunderung, der Überraschung. *Putain, j'ai encore perdu!* – Mist, schon wieder verloren. Ausländer können es missverstehen, wie bei der 84. Oscarverleihung, als der charmante Schauspieler Jean Dujardin bei seiner Dankesrede das Wort fallen ließ. Er hielt den Oscar für die beste männliche Hauptrolle in *The Artist* in der Hand und strahlte vor Glück. Die Amerikaner im Saal waren *not amused*, sie fragten sich: *What did the french guy just say?* Dabei war *putain* hier harmlos, nicht grob, keinesfalls beleidigend und eher als positive Verstärkung gedacht. Jean nahm die Bestürzung gelassen und sagte charmant: *I love your country*! Wir Franzosen meckern und fluchen eben gerne. Mit einem kleinen *de* dient *putain* dazu, etwas zu entwerten, schlecht zu machen, wie in *Putain de République!* – Verfluchte Republik! Georges Brassens sang in *putain de toi* von seinem Bohèmeleben mit einer jungen Frau mit senffarbenen Schlitzaugen, die ihm wie ein Katze zugelaufen war. Herrlich lässt sich mit *putain* Wut und Irritation ausdrücken, besonders gut bei der

Aneinanderreihung von Flüchen, bei der wir besonders kreativ sein dürfen: *putain de bordel de merde à la con!*

# Q

## FAIRE LA QUEUE

*Schlange stehen*

Die Schlange kann ich von weitem schon sehen. Sie fällt auf, denn eines können wir Franzosen nicht gut, das ist Schlange stehen. Die Schlange ist lang und führt aus dem Geschäft heraus in einer weiten Kurve bis auf die Straße. Es kann nur für Baguette sein. Wenn wir Franzosen anstehen, dann eigentlich nur für Brot. Oder für gutes Essen. Die ellenlangen Schlangen vor den Pariser Museen gelten hier nicht, da sie vor allem aus Touristen bestehen. Überall sonst, in der Metro, am Taxistand, im Supermarkt wird eines deutlich: der Stärkere, der Mutigere oder – und das ist öfter der Fall – der Frechste gewinnt. Und dies ohne mit der Wimper zu zucken, egal, wie alt oder schwerbeladen Sie als Gegner sind. Denn hier geht es um einen uralten Kampf, ein uraltes Ritual. Nur, wie gesagt, wenn es um etwas zu essen geht, bei einem guten Bäcker, einem guten Metzger, scheinen die Franzosen sich etwas zu disziplinieren. Bei solchen Gelegenheiten hat Schlange stehen etwas Gutes. Man hält inne, ist idealerweise an der

frischen Luft, teilt mit allen anderen, die ebenfalls in der Schlange stehen, dieselbe Leidenschaft für das, wofür man ansteht. Das verbindet. Warum sich nicht mit den anderen unterhalten, sagte sich eines Tages mein Freund Olivier, und begann, mit den Menschen hinter und vor ihm zu plaudern. Es wirkte befreiend! Seitdem ist er der *smalltalker* jeder Schlange und unterhält seine Mitmenschen auf charmante Weise. Er weiß: Nicht Schlange zu stehen ist *la queue en vrac. La queue en vrac* – das heißt: eine Traube von Menschen, die alle gleichzeitig versuchen, als Erster dranzukommen. Und das geht meist schief.

## QUAI D'ORSAY

*Französisches Außenministerium*

Was bei den Engländern die Downing Street und in den USA das Weiße Haus ist, ist bei uns der Quai d'Orsay. Dieses kleine Teilstück des Seine-Ufers mitten in Paris befindet sich zwischen der Steinbogenbrücke Pont de la Concorde und der Stahlbrücke Pont de l'Alma. Orsay, die Namensgeberin, ist eine liebliche kleine Stadt im Südwesten von Paris. Seit Mitte des 19. Jahrhunderts residiert am Quai d'Orsay das Außenministerium und somit der zweitälteste diplomatische Dienst der Welt nach dem Englands. Jeder in Frankreich sagt *Le Quai d'Orsay*, niemand *Ministère des affaires étrangères et du développement international*. Ich behaupte mal, das hat mit der Kürze des Begriffs zu tun, und damit, dass der Quai d'Orsay eine ganze Menge zu erzählen hat. Nicht nur von den Flaneuren an der Seine, den Kanalratten, den Liebespaaren, den Obdachlosen, dem Verkehr und was sonst so alles an einem Ufer geht, fährt oder liegt, sondern natürlich vor allem von den Entscheidungen des Außenministeriums. Es heißt: *Le Quai d'Orsay* empfängt heute Staatsgast soundso. *Le Quai d'Orsay* teilt dies und das mit. Es gibt jeden Tag Mitteilungen aus dem *Quai d'Orsay*! Seit je hat der *Quai d'Orsay* Kreative zu Comics, Büchern oder Filmen inspiriert. Macht und Intrigen sind immer ein guter Stoff. Man wüsste schon gerne mehr über die Zusammenhänge hinter den Kulissen. Doch der *Quai d'Orsay* ist ein behüteter, geheimniskrämerischer Ort, diplomatische Nomenklatura. Dass *le beau monde diplomatique,* wie man Teile der Elite in Frankreich bezeichnet, in den prachtvollen, roten und vergoldeten Räume des *Quai d'Orsay* ein und aus geht, hat dazu beigetragen, dass sich große Teile der Bevölkerung nicht mit der politischen Maschinerie, die der *Quai d'Orsay* repräsentiert, identifizieren, sich davon abgeschnitten fühlen. Müssen es wirklich *petits fours* und Champagner unter mehrarmigen Kristalllüstern und Decken in royalblauer *trompe-l'œuil*-Optik sein, frage ich den befreundeten Koch, einen von zwanzig Köchen des *Quai d'Orsay,* die die Menüs für die Staatsgäste zubereiten. Er antwortet diplomatisch mit Voltaire: *La manière dont on mange décide presque toujours de notre manière de penser* (*Die Art, wie man isst, bestimmt fast immer die Art, wie man denkt*) *Bravo alors,* ein kulinarischer Philosoph, der meiner Frage gekonnt ausweicht!

## QU'EN DIRA T'ON?

*Gerede*

Das *qu'en dira t'on* ist die moralische Instanz – neben der staatlichen –, die einen davon abhält, Dummheiten zu machen. Das Urteil der anderen, der Nachbarn, der Familie, der Kirche. Monsieur Paul war so ein Mann, der sein Tun danach richtete, was denn wohl die anderen davon halten würden. Monsieur Paul war der Concierge unseres alten Hauses in Saint-Germain-en-Laye. Ein Concierge ist eigentlich bekannt für seine Verschwiegenheit. Durch seine Stellung am Haustor, den ganzen Tag auf dem Stuhl mit Blick auf den Eingang, bekommt er jeden Besuch mit. Ob männlich oder weiblich, mit Paket, Korb, Blumenstrauß, Geschenk, Hund oder Eierkarton. Ein Ding der Unmöglichkeit, seinem wachsamen Auge zu entkommen. Monsieur Paul achtete streng auf die Einhaltung der Ruhezeiten, stellte die Mülltonnen alle rechtzeitig an ihre Stelle, fütterte bei Abwesenheiten Hund, Katze und Kanarienvögel und hatte für alle Fälle stets Ersatzkaffeefilter, Sicherheitsnadeln, Pflaster und andere nützliche Dinge parat. Er wirkte unscheinbar. Und doch war er für viele Hausbewohner die Quelle für lustige *racontars, potins, cancans* oder *bavardages, commérages* oder *on-dits* – alles Synonyme für ein- und dasselbe, nämlich: Gerede. Es war für jeden spannend, den Geschichten zu lauschen, interessant, das Neueste zu hören, Hauptsache natürlich, man war nicht betroffen. Zum Glück waren die *racontars* harmlos und gehörten eher der Kategorie »buntes Allerlei aus Klatsch und Tratsch« an.

# R

## RÂLER

*meckern*

Wir Franzosen meckern geradezu immer. Jean Cocteau bezeichnete uns als »Italiener mit schlechter Laune«. Meist meckern wir über irgendeine offizielle Entscheidung. Vor allen Dingen über solche politischer Natur. Es wird grundsätzlich erstmal gemeckert. Selbst wenn sich die Entscheidung im Nachhinein als gut herausstellt, selbst wenn nach Analyse der Sache oder der Situation sich alles als fein herausstellt, muss gemeckert werden. Es muss pro forma gemeckert werden. In einer Bäckerei wird gemeckert, wenn das Brot nicht lange genug gebacken wurde. Draußen, weil der Wetterfrosch nicht hält, was er versprochen hat. Zu Hause, wenn der Camembert nicht die gewünschte Festigkeit aufweist. Man meckert über Politiker, die nicht härter durchgreifen, und über den Nachbarn, dessen Hund bellt. Es hat auch etwas Belustigendes, man meckert ja tatsächlich ganz offen in Anwesenheit desjenigen, der die Ursache der Meckerei ist. Gefragt, woran das liegt, meint meine Tante Jocelyne, es sei ein Mangel an Einfachheit und an *laissez-faire*. Der Franzose sei *prétentieux*, eingebildet, meint sie. Sie meckert über die Meckernden.

Ich meine, *râler* ist ja eine spannende Geisteshaltung, wenn man sie nicht zu ernst nimmt. Der Meckernde muss sich kurz Luft verschaffen, im wahrsten Sinne des Wortes, Abstand zwischen sich und den Rest der Welt legen. Es wird nachgedacht, abgewogen, bewertet, beurteilt: schlecht, grottenschlecht, gut, weniger gut, ziemlich gut. Pariser sind besonders gut in dieser Disziplin. Paris scheint eines verlernt zu haben: die Gelassenheit, die Großzügigkeit, die Entspanntheit. Anlässe fürs Meckern hat der Pariser natürlich reichlich und mehr als jeder Franzose. »*Putain, ça fait chier!*«, hören Sie an jeder Straßenecke, was so viel bedeutet wie: »Es kotzt mich an!« Auffallend am *râleur*, dem Schimpfenden, ist, dass er im Meckern selbst Genuss und Sinn sieht. Frei nach René Descartes: »Ich schimpfe, also bin ich«, sagt mir der an der Metrostation arbeitende René voller Selbstironie, als er über die Schlange stehenden Menschen meckert. Aber keine Angst. Bevor in Frankreich die Guillotine zum Einsatz kommt, um sich unliebsamer Zeitgenossen zu entledigen, wird vorher noch darüber gemeckert werden, dass das Fallbeil stumpf ist ...

## RATATOUILLE

Wenn Sie wissen wollen, was genau sich in dem undefinierbaren Gemüsegericht Ratatouille befindet, müssen Sie nicht die kleine Ratte Rémy aus dem gleichnamigen Film befragen, sondern im Süden Frankreichs auf den Markt gehen. Dort, in der Provence, wird man Ihnen Auberginen, Zucchini, Zwiebeln, Knoblauch, Tomaten, Paprika und Olivenöl in Ihren Einkaufskorb aus Bast legen. Für die Laienvariante reicht es, alles zu waschen und klein zu schneiden, Öl und Wasser hinzuzufügen, zu salzen und zu pfeffern und zwei Stunden in geschlossenem Topf sanft köcheln zu lassen. Für die Variante aus Nizza sollten Sie Auberginen weglassen. Für die Variante mit viel Zeit geben Sie das Gemüse eins nach dem anderen in den Topf und führen erst am Schluss alles zusammen. Für welche Variante auch immer Sie sich entscheiden: In der Zwischenzeit können Sie im Schatten in der Hängematte liegen und lesen oder auch schlafen. Sie können es anschließend so halten, wie Sie wollen, mit dem Stampfer fein zerkleinern, heiß oder kalt essen, ein Spiegelei drauf oder Dampfkartoffeln dazu servieren. So einfach ist es.

## LA RENTRÉE

*Rückkehr aus dem Urlaub*

Es gibt ein Leben vor und ein Leben nach der *rentrée* bei uns. Die *rentrée* – Anfang, Mitte September, wenn alle Familien und Arbeitnehmer aus dem Sommerurlaub zurückkehren – regelt alles. Stand während der Sommermonate zuvor in Paris und in anderen großen Städten alles still, waren viele Läden und Restaurants vor allem im August geschlossen, Kühlschränke und Schulranzen gähnend leer, ist mit einem Mal die Ruhe vorbei. Nach stundenlangen Staus auf den Autobahnen sind alle wieder am heimischen Ort zurück. Plötzlich fällt allen gleichzeitig ein: Es ist *la rentrée*! Wir müssen einkaufen und die Kinder neu einkleiden für die Schule. In den Supermärkten stapeln sich die Schulwaren in meterlangen Regalen, es gibt *rentrée*-Sonderrabatte, und in den Auslagen der Bekleidungsläden schreien Angebote auf uns ein: Kauft, kauft, es ist *la rentrée*.

Die Küsten und Urlaubsorte leeren sich schlagartig, jedes zweite Lokal schließt, selbst ein Eis ist schwer zu bekommen an den zuvor vollen Stränden. Schuld ist *la rentrée*. Schuld ist sie auch für den Wettlauf der Eltern um die Einschreibung aller Kinder in den *associations*, den sportlichen und kulturellen Vereinen und für jede andere Art von außerschulischen Aktivitäten. Es gibt Stress, wenn man den einzigen Einschreibungstag der *rentrée* verpasst, den der Tanzverein oder die Klavierlehrerin vorschreibt. Danach – und bis zur nächsten *rentrée* – lassen sich keine weiteren Einschreibungen vornehmen. Stellt man das in Frage, begegnet man Blicken voller Unverständnis. Hat man es dennoch gewagt, außerhalb der *rentrée* um Zulassung zu bitten, verlässt man den Raum mit dem niederschmetternden Spruch im Ohr: *Mais non, Madame, c'est seulement à la rentrée,*

Im Prinzip ist die *rentrée* ein ähnlich wichtiges Konsumereignis wie Weihnachten. Bemessen nach dem Umsatz, hängt die *rentrée* sogar Weihnachten glatt ab. In den Wirtschaftsunternehmen betrachtet man bei der *rentrée* die Betriebsergebnisse und gibt erstmals Prognosen für das Abschneiden des Unternehmens im laufenden Jahr. Die Mitarbeiter erfahren zu diesem Zeitpunkt ihre Boni und bringen – ähnlich wie die Bauern ihre Ernte zum Ende des Herbstes – ihr persönliches Ergebnis ein. Es wird der Winter vorbereitet und das nächste Jahr perspektivisch betrachtet. Es gibt auch eine kleine *rentrée* Anfang Januar, wenn alle aus dem Weihnachtsurlaub zurückkommen. Doch die kleine *rentrée* ist nicht die entscheidende in Frankreich, es ist die große, die Herbst-*rentrée*.

## RÉVOLUTION

*Revolution*

Ob wegen der Landwirtschaft, des Benzins oder der Politik, bei jedem der vielen Streiks ist festzustellen: Franzosen gehen auf die Barrikaden. Ob sie es gerne tun, sei dahingestellt. Doch schnell und unweigerlich kommt der Vergleich mit der Revolution von 1789. Als Französin im Ausland werde ich oft mit Protestierenden gleich welcher Art gleichgesetzt: »Ach, ihr Franzosen, ihr seid doch alle Revoluzzer!«

Ja, die Revolution, einer der wichtigsten Momente in der französischen Geschichte, hängt uns auch nach über 200 Jahren noch nach. In einem kleinen Jahrzehnt – 1789-1799 – hat sie die soziale, politische und wirtschaftliche Landschaft Frankreichs grundlegend verändert und nicht nur Frankreich gewaltsam erschüttert, sondern ganz Europa und die Welt. Das Volk, der Bürger, beendete Jahrhunderte absoluten aristokratischen und kirchlichen Regierens und bestimmte von da an die Geschicke des Landes mit. Von der Bastille, dem königlichen Gefängnis, ist heute in meiner Heimatstadt nichts mehr zu sehen. Sie wurde als Symbol des alten Regimes kurz nach dem 14. Juli 1789 Stück für Stück niedergerissen, die Steine, aus denen sie bestand, wurden verteilt. Lediglich ihr Standort ist mit Pflastersteinen in einem hübschen Bogen sichtbar gemacht. Kinder hüpfen singend auf der Linie herum. Sängen sie die Marseillaise, so erinnerten sie an die unmittelbar nach der Erstürmung der Bastille erklärten Menschen- und Bürgerrechte. Diese grundlegenden Rechte weisen auch auf die Pflichten hin, zu denen sich Frankreich noch immer bekennt: Freiheit, Gleichheit, Brüderlichkeit und Souveränität der Nation statt gottgewollter Dynastie. Diese Erklärung wurde Modell für viele Verfassungen, in denen der universelle Geltungsanspruch auf Freiheit, Gleichheit und Sicherheit, unabhängig von Hautfarbe, Nationalität oder Geschlechts- und Religionszugehörigkeit erhoben wurde.

## RUGBY

Es gibt Fußball und es gibt Rugby. Für beide Sportarten haben wir Franzosen ein Herz. Für Rugby – vor allem im Südwesten –, obwohl bzw. weil es eigentlich eine Sportart ist, die aus England kommt und die die Engländer überaus schätzen. Den ovalen Ball haben wir mit der Hass-Liebe, die uns mit den Engländern verbindet, adoptiert. Rugby-Begegnungen zwischen England und Frankreich waren und sind derartig von Rivalität geprägt, dass sie in den späten 1990ern *The Crunch* genannt wurden, der entscheidende Moment. Der Legende zufolge liegen die Anfänge des *Crunch* im Zweiten Weltkrieg, als französische Truppen ein Rugbyspiel von englischen Soldaten beobachteten und dann gemeinsam mit den damals Verbündeten spielten. Ab und zu ein kleiner rhetorischer und sportlicher Seitenhieb auf die Engländer – aber im

Prinzip teil man dieselben Werte. Die Regeln? Ich habe sie vergessen, obwohl ich in der Schule einige Monate als Läuferin mitspielen durfte. Fürs Zuschauen sind sie nicht so wichtig, denn Rugby kann man auch dann mit Spannung anschauen, wann man die Regeln nicht kennt. Es genügt zu wissen, dass der gewinnt, der die meisten Punkte hat. Wichtig ist, dass man mit dem Gegner am Schluss einen trinken gehen kann, auch wenn man ihm vorher die Hände ins Gesicht gekrallt hat. Rugby ist aus Sicht des Laien allerdings ein knallharter Kampf. Die französische Rugbymannschaft ist übrigens eine der erfolgreichsten der Welt; sie hat zahlreiche Weltmeisterschaften gewonnen. Ihr offensives, körperbetontes Spiel trägt bei anderen Nationen die Bezeichnung *le beau jeu* oder *French flair*. Rugby ist all das, was man Franzosen nachsagt zu sein: leidenschaftlich, konfrontativ und liebevoll-chaotisch, ein bisschen wie das Dorf von Asterix und Obelix.

# S

## SÉDUCTION

*Verführung*

Die Verführung *à la française* ist eine Kunst. Schon einmal mit französischen Männern oder Frauen zu tun gehabt? Sie spielen mit dem retardierenden Moment, wie in der griechischen Dramaturgie, sie verlangsamen das Tempo, nehmen sich Zeit. Auf der einen Seite wird genossen, gesehnt, gespielt, angedeutet und gewartet – bis das Objekt der Begierde erreicht ist. Auf der anderen Seite wird geahnt und ebenfalls gewartet. Die Spannung steigt auf beiden Seiten – schon alleine durch diese sehnende Erwartung erfährt das erhoffte Ergebnis eine gewaltige Erhöhung und Aufwertung. So macht Verführung *à la française* Freude auf beiden Seiten.

Eigentlich ist Verführung in allen Lebensbereichen der *grande nation* präsent: Mode, Politik, Essen, Sprache. Verführung begleitet nicht, sondern gestaltet den Prozess.

Ja, die Verführung *à la française* ist eine Kunst – leider eine langsam aussterbende. Dabei gibt es doch so viele Rituale wie die der Blicke, der Annäherung, der vorgetäuschten Gleichgültigkeit bis hin zum Eingeständnis des gegenseitigen Interesses. Verführung ist unterhaltsam, anziehend, charmant, einnehmend und in Frankreich sehr positiv belegt – auch ohne sexuelle Hintergedanken. Bedeutend sind nur *plaisirs*, Freuden aller Art. Exemplarisch vorgeführt in den Filmen des französischen Regisseurs Eric Rohmer. Seine Figuren sind in einem unglaublich langen Vorspiel oder Flirt verhaftet, ohne am Schluss tatsächlich zum Akt überzugehen. Das Verführen und Begehren wird hier als oberstes Prinzip gelebt, als Selbstzweck. Der Rest bleibt offen. Kopfkino.

## SEINE

Da fließt sie hin, ruhig und braun, unsere Seine. Sie ist mir auf viele Kilometer vertraut: z. B. von der hohen Terrasse von Saint-Germain-en-Laye aus gesehen, wo ich aufgewachsen bin, gegenüber dem Schloss, in dem Ludwig XIV. geboren ist. Ich bin Tausende Male über ihre Brücken gelaufen oder gefahren, habe die schönsten Küsse an ihrem Ufer empfangen, mich unsterblich in die wilden Ufer westlich von Paris verliebt. Und doch ist die Seine eigentlich ein Fluss des Ostens, dem Burgund entsprungen, unweit von Dijon, knapp 500 Meter über dem Meeresspiegel. Monet hat den Fluss und seine Landschaft in zahlreichen Gemälden festgehalten, die zu den teuersten der Welt gehören, so z. B. *Le Pont d'Argenteuil.* So oft man vom Loire-Tal spricht mit seinen wunderschönen, weltbekannten Schlössern, so wenig spricht man über das nicht minder schöne, ruhige, flache Seine-Tal. Wunderschöne Schlösser, unzählige Inseln – Île Saint-Louis, Île de la Cité, Île Saint-Denis, Île des Impressionnistes, Île Saint-Germain, Île aux Dames –, zum Weltkulturerbe zählende Ufer. Wer braucht schon eine fünftausend Kilometer lange *littoral*-Küste, wenn man die Seine von Ost nach West hat? Wer

die Mündung der Seine kennt, dieses wunderschöne Stück Land zwischen Le Havre und Honfleur, der weiß, was ich meine: Schilfgebiete, Sanddünen, Naturschutzgebiete mit über zweihundertfünfzig verschiedenen Vogelarten. Ich kenne einen Pariser Banker und Vogelliebhaber, der jedes Wochenende mit Gummistiefeln und Fernglas bepackt an genau diese Stellen fährt und Vögel beobachtet. Er kommt entspannt zurück, Vogelgezwitscher im Ohr und erträgt dadurch den Trubel der Stadt wochentags viel besser. Doch die Seine kann auch zu einem wilden Strom werden, der alles niederreißt, was ihm im Wege steht. Das hat sie oft, gezeigt, so 1910, als 12 von 20 *arrondissements* überschwemmt waren oder in den 1980er Jahren. 1910 half mein Urgroßvater bei der Evakuierung der Kunstwerke aus dem Louvre. Damals standen sechs Wochen lang zwei Drittel von Paris unter Wasser. In Pferdekutschen brachte man die in Leinentücher verpackten und aus den tieferen Etagen des Louvre geretteten Gemälde fort. Vielleicht ist es auch das, was uns der neben der Loire französischste Fluss lehrt: Gelassenheit gegenüber den nicht zu verändernden Umständen und dennoch Widerstand, koste es, was es wolle.

## SOPHIE LA GIRAFE

*Sophie die Giraffe*

Dass eine Giraffe bei der halben Nation Kindheitserinnerungen wachruft, dafür ist eine kleine Fabrik in Asnièressur-Oise, Delacoste, schuld, die in den späten 50er Jahren das weiche Plastikspielzeug erstmals produzierte. Verantwortlich für den unglaublichen Erfolg sind wohl seine Exotik nicht einmal zwei Jahrzehnte nach dem Zweiten Weltkrieg, das moderne, später nicht unumstrittene Latex-Material und seine Form und Gestalt. Kleinkinder griffen automatisch nach dem Hals der Giraffe und bissen beherzt in die kleinen Hörner oder die kleinen Ohren. Innerhalb kürzester Zeit war die Giraffe das Maskottchen ganz Frankreichs und ist es zum Teil, trotz Disney, noch immer.

Sophie wurde zum beliebtesten Mädchennamen Frankreichs (ich weiß allerdings nicht, ob die schöne Sophie Marceau gerne daran erinnert wird – wer will schon nach einer Giraffe benannt werden!). Sophie weckte Begehrlichkeiten bei der Konkurrenz. Delacoste-Mitarbeiter erinnern sich, wie Industriespione um das Werk schlichen. Damals fuhr LKW nach LKW die Rohlinge zum Dekoatelier, damit versierte Zeichner ihnen dort die typischen braunen Flecken verpassten. Bis in die 80er Jahren hatte die Fabrik Delacoste 700 Angestellte.

Mittlerweile ist die Produktion ausgelagert, *Sophie la girafe*, die jedes französische Baby irgendwann einmal in den Händen hielt, ist noch immer im Handel. Als Spielzeug, Beißring, Schnuller, aus Plüsch oder Plastik. Das Original aber, das hohle Naturkautschuk-Gummitier mit seinen achtzehn Zentimetern, hat eine Seele: Es ist im Inneren mit einer Pfeife ausgestattet. Sein Quietschen werden die meisten Franzosen irgendwann in ihrem Leben gehört und geliebt haben.

## SYMPA

*Sympathisch*

Stéphane, die Hände in den Taschen seiner dunklen Jacke vergraben, versteht die Welt nicht mehr. Sie haben sich schon einige Male getroffen, waren essen, spazieren, sogar im Museum. Doch Gaëlle, die Frau, deren Liebe er erhofft hat, hat ihm gesagt, er sei lediglich *sympa*. Das *sympa*-Sein hat so seine Tücken. Langsam dämmerte ihm, dass es eine höflich formulierte Absage an jeden Gedanken einer Liebesbeziehung und näheren Verbindung ist. Er wollte es nicht wahrhaben, doch *sympa* heißt nett, lieb und oberflächlich, sicher nicht Romantik, Sinnlichkeit und Erotik. Für Gaëlle ist er zwar nicht uninteressant und vielleicht auch nicht unbedingt langweilig, aber es fehlt das gewisse Etwas: Er ist für sie nicht begehrenswert. Sie können ja Freunde bleiben. Doch Stéphane hat die Nase voll von *sympa*. *Sympa* ist vage, nichtssagend und ohne Charakter. Wie das weiche, salzarme Baguette am Mittagstisch in der Kantine. Wie der Film, von dem man sich zwar gut unterhalten fühlt, dem aber die gewisse Tiefe fehlt, damit man sich später an die Geschichte oder die Charaktere erinnert. Doch Stéphane schmiedet Pläne. Er wird nicht aufgeben. Gaëlle wird irgendwann einmal hier, am Ufer der Rhône, Hand in Hand mit ihm gehen und mit ihm lachen, über das *sympa,* das sie ihm so provokativ hingeworfen hat. Er wird recht behalten.

# T

## TARTE AU CITRON

*Zitronentarte*

Um es vorwegzunehmen: Wir Franzosen sind überzeugt, dass die *tarte au citron* selbstverständlich französischer Herkunft ist. Auch wenn die Engländer, die Portugiesen, die Italiener, die Brasilianer, gar die Amerikaner angeblich ebenfalls herrliche *tartes au citron* kreieren. Sie haben es von uns. Ja, wir haben eben das Original. Die *tarte au citron* gibt es seit dem Mittelalter, seit etwa dem 16. Jahrhundert, als man das geschlagene Eiweiß entdeckte, als *tarte au citron meringuée*, also mit einer Meringue-Schicht obenauf. Fragt man den *Larousse gastronomique*, die Bibel der Kulinarik, so steht dort, dass zwar die Erfindung der Meringue Schweizern vorbehalten sei, die *tarte au citron* aber Franzosen. Da haben wir es schwarz auf weiß.

Erst als Erwachsener erkennt man den Wert einer *tarte au citron* (ebenso verhält es sich übrigens mit dem *pot au feu*, einem der Eintöpfe, die überall in Frankreich gekocht werden). Der Zeitpunkt des Erwachsenseins geht einher mit dem

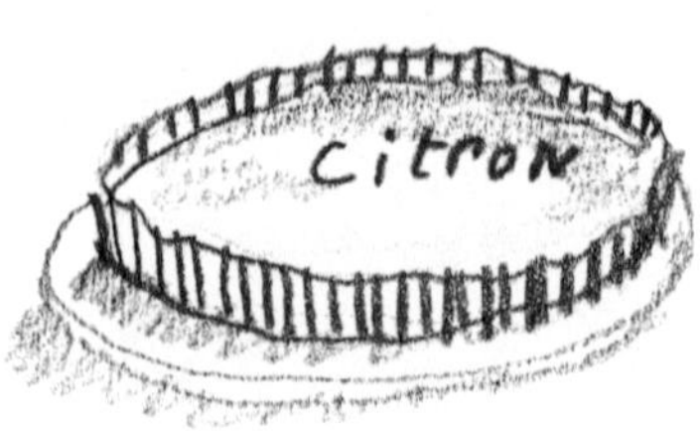

Geschmackserlebnis, nein: der Geschmacksoffenbarung. Die Liebe zur *tarte au citron* ist in Frankreich allgegenwärtig. Es gibt aus allen Ecken der Republik unzählige Rezepte für die *tarte au citron* – es kann *la meilleure, la plus simple, la maison, la vraie, l'authentique, la facile, la rapide* sein. Ich sage Ihnen: Echt ist sie nur, wenn sie mit einem Mürbeteig und nicht wie manchmal in England mit einem Blätterteig gebacken wird. Dazu ein *vin blanc doux*.

## THÉORIE

*J'ai une théorie*

In der kleinen Gemeinde Gesté unweit von Nantes ging es rund. Die Kirche war durch die Jahre stark beschädigt – vom Altar waren nur noch Schutt und ein paar Steinbröckchen übrig geblieben, laute Taubenfamilien hatten sich im Gebälk eingenistet, es regnete in die Seitenkapelle, und der Kirchturm war schief. Monatelang dauert die Diskussion schon – günstiger Abriss oder teure Restauration? Was sollte geschehen? Es musste Position bezogen werden – schließlich ging es um nichts weniger als um die Zukunft der Kirche im Dorf. Ein jeder hatte da so seine Theorie. Nur – davon gab es viele.

Der Franzose an sich ist voller eigener Theorien. Der Ort, sie kundzutun, ist am Tisch, im Bistro, auf der Straße – überall dort, wo Menschen sich begegnen und Informationen austauschen. Sie erwägen dies und das, erzählen sich, was gerade passiert ist: Tagespolitik, das Wetter, irgendwelche Ereignisse, die alle betreffen, wie etwa die Kirche im Dorf. Was meint wohl der eine Politiker, was der andere? Was die Nachbarn? Wenn diese Phase der Unterhaltung abgeschlossen ist, folgt zunächst Stille. Es wird mit dem Kopf genickt, *voilà, ben oui* oder *c'est comme ça* gesagt, als wäre jeder Umstand gottgegeben, Fatalität. Und dann folgt, wenn man sich frei und unbeobachtet fühlt, in genau diesem Moment ein »*Oh, vous savez, moi, j'ai une théorie*«. Eine eigene Theorie zu haben ist sehr beliebt. Man hat sie egal zu welchem Thema, zu welchem Anlass, Hauptsache, sie wird – fein säuberlich in Teilschritten – dargelegt. Man erläutert, was man beobachtet hat, erwägt die Wahrscheinlichkeiten, verstrickt sich manchmal in Erklärungsversuchen, startet ein paar Prognosen. Manchmal ist es sogar besser, eine Theorie zu haben, als zur Tat zu schreiten. Das geht ja schon zu weit. Eine Theorie zu haben verpflichtet zu nichts, denn sie kann auch fallengelassen werden. Im Falle von Gesté allerdings ging es gut aus. Die Bagger rollten nicht an, und die Kirche wurde renoviert. Gott sei Dank!

## TOILE-DE-JOUY

*Tuch aus Jouy*

Schon als Kind faszinierten mich die Fabelfiguren, Vögel, Blumen und Szenerien auf diesen schweren Stoffen, doch man muss wohl erwachsen werden, um sich bewusst zu *Toile-de-Jouy* zu bekennen. Die gedruckten Szenen hatten alle ländlichen Charakter: am Fluss, im Boot oder beim Picknick oder ein Jäger mit seinen Hunden. Die junge Bäuerin oder

der Schäfer mit seinen Tieren, die spielenden Kinder mit ihren Reifen – sie alle schienen aus einer anderen Welt zu stammen, in der alles heiter, fröhlich, leicht und sinnlich ist. *Toile-de-Jouy* ist der Inbegriff dekorativer Träumereien, das Symbol für französischen *art de vivre*. Der Stoff, aus dem diese Träume sind, ist ein schwerer Kattun, ein glattes, leinwandartiges – daher der Begriff *toile* – gewebtes Baumwolltuch. Der kleine Ort südlich von Versailles, Jouy-en-Josas, aus dem er namentlich stammt und in dem Victor Hugo eine Weile lebte, liegt unweit meiner Heimatstadt. Er ist zwar Namensgeber, doch *Toile-de-Jouy* heißen auch Stoffe aus Rouen, Orange, Mulhouse oder Nantes, wo man sich der Baumwolldruckkunst auf Kupferplatten verschworen hatte, zu einer Zeit, als Ludwig XIV. die französische Textilproduktion durch Stoffimportverbote aus Indien oder China förderte.

Das typische *Toile-de-Jouy*-Design in Rot oder Blau, in dem ich als Kind, Stunde um Stunde Musik hörend oder lesend, die Zeit verbrachte, gibt es heute in vielen unterschiedlichen Farben und in moderneren, dynamischeren Dessins, die sich an die traditionellen anlehnen, aber dennoch etwas frischer daherkommen. *Très traditionnel et très français* auf jeden Fall!

## TOUR DE FRANCE

Campingstühle am Wegesrand, Picknick gerichtet, Weinflasche entkorkt: Das große Warten konnte beginnen. Es war ein einmaliges Ereignis: Der Tross der Tour de France sollte genau am Haus von Pierrette vorbeifahren. Damals, in den

60er Jahren, war die 1903 gegründete Tour de France gerade von Nationalteams wieder auf den Ursprung zurückgeführt worden, zu Markenteams. Es galt, eine Mannschaft und vor allem besonders beliebte Fahrer zu unterstützen. Wenn die Tour am eigenen Haus vorbeifuhr, dann war es Ehrensache, sich an diesem Tag freizunehmen und den Tross zu erwarten. Pierrette war die liebenswürdige Cusine meiner Großmutter, die ein typisches Charente-Haus mit einem langen Garten in Saint-Fort-sur-le-Né besaß. Der kleine Ort unweit von Cognac zog sich entlang einer einzigen abschüssigen Straße, rechts und links standen einige Häuser inmitten von hügeligen Feldern, auf denen die Reben wuchsen, deren Trauben zu dem wunderbaren goldbraunen Cognac verarbeitet wurden. Pierrettes Haus hatte also die perfekte Ausrichtung entlang der Straße, um die kleine zusammengewürfelte Fangruppe zu empfangen, die sich aus der Familie zusammengetan hatte: neben ihrem Mann Jean, *oncle* Gaston und *oncle* Michel, *tante* Ida, *tante* Joséphine, *cousine* Renée und *cousin* Jean. Dabei hatte sie an dem Tag eigentlich ganz anderes zu tun: Johannisbeeren und Erdbeeren pflücken, Marmelade kochen, sich um die Tomaten kümmern, Kuchen für die Sonntagseinladung backen. Doch ihr Mann hatte sie überredet, und seit dem Morgen hatte sie in der Küche gestanden, um das Picknick vorzubereiten, das genauso wichtig war wie die bald vorbeifahrenden Tour de France-Helden in bunten Trikots. Ist es eigentlich üblich, fragten sie sich nach einer langen Wartezeit am Straßenrand in der glühenden Julisonne, dass man so unpünktlich ist? Die Straßenhelden ließen auf sich warten. Cusine Pierrette behauptete, Unpünktlichkeit sei eigentlich nur in der

Hauptstadt üblich, hier, auf dem Lande gebe es das nicht. Und überhaupt – einen stundenlang so auf die Folter zu spannen. Schließlich wolle man endlich wissen, wer nach den abenteuerlichen Bergetappen und den immer noch stark an den Landesgrenzen sich orientierenden flacheren Teilstrecken als Erster hier vorbeifahren würde. Damals kamen die Sieger der letzten Etappe mit allen anderen nach ihnen nicht auf den Champs-Élysées zum Stehen wie heute. Diese letzte Prestige-Etappe dachte man sich erst aus, als die Tour nach über 70 Jahren und vielen Helden wie Merckx, Maertens oder Poulidor schon längst Legende war. Während des Wartens wurde mehr als eine Flasche guten Bordeaux-Weines geleert, so dass bereits die laut hupende, bunte Vorgruppe im Freudentaumel bejubelt wurde, noch bevor die eigentlichen Fahrer um die Ecke bogen, auf halber Strecke ihres über 3000 Ki-

lometer langen Weges. Die Werbekarawane hatte es in sich: zwanzig Kilometer bunt dekorierte Wagen, mit zum Teil bizarren Werbekreationen auf dem Dach, Löwen aus Pappmaché, tanzende Kühe des Käsefabrikanten *La vache qui rit*. Pierrette behauptete, es sei wie Karneval in Rio – nicht, dass sie Rio je gesehen hätte! –, und die meisten seien sicher nur wegen der Werbekarawane hier. Man erhoffte sich dennoch einen Blick auf den Träger des gelben Trikots, das seine Farbe den gelb gedruckten Blättern der *L'Auto* verdankt, jener Zeitung, die die erste Tour veranstaltete. Jean fieberte Jacques Anquetil, dem legendären fünffachen Toursieger, entgegen. Damals ahnte man noch nichts von Doping und vermutete bloß wahres Heldentum in den unglaublichen Kraftakten der Fahrer. Als Kenner der Tour war Jean unser hauseigener Kommentator. War er dabei, brauchten die anderen das Transistorradio nicht, dieses tragbare Taschenradio, das bei jedem Picknick dabei war, um die Hintergründe des Tourgeschehens fachkundig zu erklären. Er steigerte sich an dem Tag allerdings so in seine Begeisterung hinein, dass Pierrette demonstrativ ihren Campingstuhl fünf Meter weiter weg stellte, ausgerechnet zu dem Nachbarn Yves-Laurent, der ihr seit je schöne Augen machte. Der Haussegen hing schief und konnte erst am nächsten Morgen durch Pierrettes Mirabellen-Sonntagskuchen wieder gerade gerückt werden.

## TOUR EIFFEL

*Eiffelturm*

Im Auktionshaus ist es mucksmäuschenstill. Auf den senfgelben Veloursteppichen drehen die Wärter ihre Runden. Altmodische Deckenventilatoren wehen ab und zu einen Windstoß zum Auktionator François herüber, der einige Tage zuvor schon das zur Versteigerung stehende Stück zur Besichtigung freigegeben hat. Ein Besucher nach dem anderen war – nach Anmeldung – in die ehrwürdigen Räume am Rond Point des Champs-Élysées gekommen, um die *à vendre*-Nummer 3087 in Augenschein zu nehmen. Einige sind heute wieder hier, um dem historischen Moment beizuwohnen: dem Verkauf von einem Stück Treppe aus dem Eiffelturm. Seit 1889 steht die *grande dame*, oder *la dame de fer*, wie wir Franzosen den Eiffelturm sentimental nennen. Gustave Eiffel selbst lief als Erster offiziell die Treppen hinauf, um die französische Trikolore zu hissen, als der Turm eröffnet wurde: als Eingangsportal zur Weltausstellung, als Pforte in eine neue, moderne Zukunft, im vollen Bewusstsein der Errungenschaften der Revolution, als universelle Idee vom materiellen Fortschritt. Seitdem sind Millionen Menschen mühselig zu Fuß – nur so ist die Ersteigung des Symbolturms erlaubt – über dieses Eisen gelaufen. Das Stück Nr. 13 des *escalier hélicoïdal,* der Wendeltreppe von 1889, ist der Treppe eines der *piliers,* der Füße des Eiffelturms, entnommen. Die paar Höhenmeter Stahl, um genau zu sein: 2,60 Meter, sollen den Besitzer wechseln. Ein Vorgang, der schon 1983, als der Eiffelturm aufwendig repariert und erneuert werden sollte, zu heftigen Kontroversen geführt hatte. *La tour Eiffel* in Stücke zerlegt. *Le monde* mockierte sich über das »*Paris projet*«, wie die Stadt die Renovierungsarbeiten staatsmännisch nannte: »*la tour Eiffel en morçeaux*«. Wer kauft so etwas? Lässt sich diese Treppe irgendwo einbauen? Oder geht es beim Erwerb vor allem um Prestige? Auktionator François lässt seiner Ungeduld keinen Raum, er hat schon ganz anderes gesehen und erlebt. Mit einer eleganten Bewegung nimmt er seinen Hut vom Kopf, ganz *gentleman* alter Schule, und setzt sich zu mir. François und ich, das ist eine lange Geschichte, die ihren Anfang im Louvre nahm, als er mit meinem Vater in der Abteilung für Archäologie arbeitete. Gern erläutert er der Tochter seines alten Kollegen Jean-Pierre, die mitten in der Auktion auftaucht, um Eiffel-Luft zu schnuppern, die Details: Das Treppenteil befand sich zwischen dem zweiten und dritten Stockwerk. Es sind genau vierzehn Stufen. Als man dort 1983 einen Aufzug installierte, wurde die eiserne Treppe abgebaut und in vierundzwanzig Teile zerlegt. Nun kommt alles Stück für Stück unter den Hammer. Absolut überbewertet, meint François. Vor ein paar Jahren hat ein weit größeres Stück, acht Meter hoch, knapp ein Zehntel des jetzt geforderten Preises erzielt. Ein Metallhändler aus Troyes hat damals alles in kleine Stücke zersägt und als Kunst unter die Leute gebracht. Welch ein Jammer – es tut mir in der Seele weh. Zum Glück landete eines der Elemente im ersten Stock des Eiffelturms und wurde dort ausgestellt. Die anderen sind in französischen Museen, manche bei privaten Sammlern. Man stelle sich vor, es würden alle 1665 Stufen in kleine Stücke zerlegt und in alle Winde verstreut. Ein Abverkauf des über hundert Jahre alten Symbols!

»Weißt du, Murielle«, meint François, »dass es Pariser gibt, die noch nie auf den Eiffelturm gestiegen sind? Ich gehöre nicht zu ihnen. Jeden Morgen sehe ich den strahlenden Turm vom Fenster meines Badezimmers aus. Ich blicke auf ihn bei allen Wetterlagen, mal in Novembernebel eingetaucht, mal in der grellen Juli-Morgensonne, abends natürlich auch, wenn er glitzert und glänzt unter den Tausenden Lampen, die man seinen Beinen angebunden hat. Ich fühle mit ihm, wenn er unter der Last Abertausender Touristen fast stöhnt und sich geradezu biegt. Und ich fühle mit ihm, wenn es im Winter anfängt, ruhiger zu werden und er alleine den Winterstürmen und Windböen trotzen muss.« François erzählt mir: »Ich kenne den Wärter Jean aus dem *pilier est*. Wenn ich zur Arbeit und knapp an ihm vorbeifahre, ist er oft schon da und schließt auf. Manchmal, wenn ich noch Zeit habe, steige ich schnell mit ihm in den Fahrstuhl für das Personal, streichle über die vielen in Grau übermalten Eisennieten und genieße nur für fünf oder zehn Minuten den Ausblick über unser graues Paris. Weißt du, meine *maman* ist in der Normandie begraben, wo ich herkomme. Da schaue ich von oben aus in die Richtung und denke an sie. Ich gehöre nicht zu denen, die wie Guy de Maupassant auf den Eiffelturm steigen, weil sie ihn so hässlich finden und der Turm selbst der einzige Ort in Paris ist, wo man ihn nicht sieht. Ich wäre gerne einer der Eiffelturm-Aktien-Besitzer, die mit ihrem Geld halfen, den Bau mitzufinanzieren, denn dann dürfte ich ihn kostenfrei betreten und müsste mich nicht in die Personalfahrstühle schmuggeln.« Was für eine Eiffelturm-Romantik, François!

# V

## VACHEMENT

Ein weiteres Wort, das wir Franzosen gerne und ständig benutzen, ist das Wort *vachement*. *Vachement* benutzt man fast zu oft, scheint mir. Der umgangssprachliche Ausdruck ist nicht sehr alt, er stammt aus dem 19. Jahrhundert – und er passt einfach überall: *C'est vachement bien* für »Es ist sehr gut«. *C'est vachement méchant* für »Es ist sehr böse«. Was es wörtlich übersetzt heißt, fragen Sie sich? Stellen Sie sich die Stärke des Huftrittes einer aggressiven Kuh auf einer Weide irgendwo in Frankreich vor. Aggressiv ist sie, weil Sie ganz offensichtlich in ihr Revier eingedrungen sind, in dem Sie Stadtmensch nun wahrlich nichts zu suchen haben. Was tun Sie denn hier überhaupt, mit Ihrem lächerlichen Pilzkorb? Warum suchen Sie sich ausgerechnet die Weide aus, auf der die junge Herde grast? Der Bulle dort beobachtet Sie auch schon ganz skeptisch. Die Kuh ist *vachement méchante*, sehr böse, *vachement forte*, sehr kräftig, und sie kann *faire vachement mal avec ses coups de sabots*, kann sehr weh tun mit ihren Huftritten. So, da haben Sie es, der Bulle kommt auf Sie zu. Dumm, dass Sie heute früh ausgerechnet ihre orangefarbene Jacke ausgesucht haben. Nun verstehen Sie, warum *vachement* sich am Huftritt einer Kuh, *une vache*, orientiert, oder?

## VIDE GRENIERS

*Privater Flohmarkt*

Gemächlich schlendern wir über den Markt. Nein, kein Lauch, keine Tomaten, kein Ziegenkäse und auch kein Fisch. Keine Blumen, keine Artischocken und auch keine gepfefferten *saucissons*. Es ist ein Markt, den es so nur auf dem Land, in der französischen Provinz, bei den *vides-greniers* gibt. Ein *vide-greniers* wird von irgendeiner *association*, einem eingetragenen Dorfverein, organisiert. Ganz anders als ein Flohmarkt oder ein sogenannter *brocante,* anders als ein *marché aux puces* wie in Paris oder ein Antiquitätengeschäft, ist der *vide-greniers* privat, authentisch, ehrenamtlich, einmalig und vor allem sehr persönlich. Unserer findet im Hof eines Dorfschlosses am Rand der Loire im eher ärmlichen, aber dafür wunderschönen Département de la Sarthe statt. Für den Markt haben Familien des Dorfes die Speicher ihrer Häuser geleert – deshalb der Name *greniers vides,* »leere Speicher«. Dafür jetzt volle Marktstände! Das Schloss erreicht man über eine Holzbrücke, die über einen Graben gespannt ist, in dem früher Schafe grasten. Heute hat der Efeu die Herrschaft über die Grabenmauern übernommen und die Schafe sind längst durch Rasenmäher ersetzt. Rechts von mir aufgereiht altes Geschirr, Körbe. In einem alten Lederkoffer mit rostigen Schnallen sind Tischläufer und -decken gestapelt. Dort in großen Holzkisten liegen verkeilt lose Eisenteile. Ich greife hinein und hole alte Holzscheithalter hervor, wie sie früher vor den Kaminen standen. Die Knäufe stellen adlige Frauenköpfe mit Hauben auf dem prächtigen Haar dar – das ist eine *trouvaille*! Etwas weiter entdecken wir Kupfertöpfe, wie sie in Tausenden von Haushalten auf dem Land in den Küchenschränken stehen. Daneben alte mundgeblasene Glasschalen in allen Größen – nicht verwunderlich, hier in der Nähe stand früher eine Glasmanufaktur mitten im Wald. Genauso schön wie die Dinge, die ich hier finde, sind die Pläusche mit ihren ehemaligen Besitzern. Ich erfahre die Geschichte der Kaffeekanne mit rotem Doppelrand, die an einer Stelle beschädigt ist, oder der alten Boulekugeln, denen ihr *cochonnet* fehlt, diese kleine Holzkugel, nach der sich das ganze Boulespiel orientiert. Manchmal allerdings gibt es sie auch nicht, die Geschichten hinter den Dingen, dann, wenn die Gegenstände einsam und traurig dastehen und auf neue Eigentümer warten, keiner aus der Familie anwesend ist. Ihr Geheimnis behalten sie für sich. Der Dorfälteste wacht über alle Marktstände und nimmt die Besucher in Empfang. Er kennt nicht nur die Geschichte des Dorfes, sondern auch manche Hintergründe. So erfahre ich, dass

die alten hölzernen Gehstöcke, die alle in einem Weinfass stehen, einem der charismatischen Schreinerbrüder gehörten, die in dem Haus am Rand der Schlossmauer lebten. Er ritzte besondere Muster in die Stöcke – ähnlich den floralen Folkloremustern, die man auf den Töpferwaren aus dem Südwesten Frankreichs findet. Ein kleiner Schatz, den wir gern mit nach Hause nehmen und bei den nächsten Spaziergängen ausführen.

## VIEILLE FRANCE

*Vieille France*, das alte Frankreich, ist für mich eine mit Perlenkette und Perlenohrringen behangene Dame mit einem Dutt wie dem von Madame Chevalier. Ihr Haar ist fein gescheitelt und mit altmodischen Klammern zusammengehalten, wie man sie nur in verblichenen Geschäften der Provinz kaufen kann, und die Frisur sieht jeden Tag gleich aus, egal, ob ihre Trägerin wandert, schwimmt oder in die Kirche geht. Madame Chevalier benutzt alte Wörter, wo das moderne Französisch viele neue zur Verfügung hat, so z. B. *souliers* für *chaussures* oder *laine* für *pullover*. Prinzipiell lehnt sie englische Wortschöpfungen ab – das Französische ist doch schließlich reich genug, außerdem findet sie die alten Wörter schöner und individueller. Man muss schmunzeln, wenn man sie hört, sie klingt so harmlos, wie aus einer anderen Welt, und so naiv. Und doch strahlt sie mit ihrem Vokabular aus einer anderen Generation so viel Persönlichkeit aus. Madame Chevalier betrauert ab und zu die alten Zeiten und verzehrt sich nach dem Charme von einst. Sie hat die Hände im Schoß ihres Wollrocks gefaltet und erzählt von früher. Sie zählt in *vieux francs,* die Ende der 1950er Jahre ungültig wurden. Sie steht zu ihrem *old school*-Image und verteidigt es.

## VIVE

*Es lebe …*

Es gibt viele *vive*-Momente in Frankreich, *vive la France* ist einer davon. *Vive la France* ist das Hohelied der Begeisterung für das eigene Land. Man schreit es, man singt es, man ruft es sich in bestimmten Momenten zu, beim Nationalfeiertag, anlässlich offizieller Ansprachen, beim Fußball oder anderen Sportereignissen. Zum Glück ist aber auch üblich, ein Hurra auf die Liebe zu rufen: *Vive l'amour!* Zu viel Zuneigung zum eigenen Land ist auf die Dauer etwas einseitig. *Vive* ist ein Gefühl, ein starkes sogar, kein Wort. Es ist ein Gefühl, das seinen Ausdruck sucht, das sich explosionsartig Luft verschafft und nicht zurückgehalten werden kann. Ausufernde Gesten oder erhobene Gläser begleiten das *Vive* oft. Gäbe es das *Vive!* nicht, so müsste es erfunden werden.

## VOILÀ

»*Voilà Madame,* es ist ganz einfach«, sagt der Kapitän auf unserem Segelschiff in der Bucht von Sanary-sur-Mer und schaut mir in die Augen. Seine blauen Augen changieren farblich, je nachdem, ob er das dunkelgrüne Holz seines acht Meter langen Schiffes betrachtet oder das vor uns liegende türkisblaue Meer. Er hält mir das Seil hin, in das er die Knoten gemacht hat, gibt seinen Beinen den richtigen Halt auf dem wackelnden Schiffsboden, stemmt eine Hand gegen seine Hüfte und grinst mich an. *Voilà!* Ich werde es nie lernen, sage ich mir, und gebe das Vorhaben auf, Herrin über Knoten zu werden. Wozu habe ich schließlich einen Skipper? Also ärgere ich mich nicht über sein selbstbewusstes *voilà*, greife zu meinem Rotweinglas und lasse den Blick über die Bucht schweifen. Bald wird es auf seiner Plancha gegrillten Fisch, Gemüse und Meeresfrüchte geben, und er wird die Gambas mit Pastis abschmecken. Und uns dann wieder ein *voilà* zurufen.

*Voilà* kann man nicht erklären, hier an der Côte de Provence nicht, und auch anderswo nicht. Es ist eines der volatilsten Wörter der französischen Sprache. Es gibt keine verlässliche Regel, daher ist der Gebrauch des *voilà* einfach da erlaubt, wo das Gefühl es einem eingibt. Am Anfang, in der Mitte oder am Ende eines Satzes. Oder auch einfach so, ganz allein. Wer sich so etwas wohl ausgedacht hat? Ganz revolutionär, das *voilà*. Entsprechend hat *voilà* viele Anhänger, die das kleine Wörtchen inflationär benutzen, z. B. als Füllwort am Ende einer Behauptung, so als sei ein *voilà* der beste Beweis. *T'es con, voilà*. Der Ausspruch *Et voilà!* geht sogar noch weiter. Das ist die Bestätigung einer Warnung, die zuvor ausgesprochen wurde. Kinder hören *Et voilà* entsprechend oft, nach einem kleinen Missgeschick etwa, und verbinden dies mit der Besserwisserei der Erwachsenen, die immer alles im Voraus wissen.

# Z

## ZUT

*Mist*

Der Minifluch *zut*! ist eine nette, höfliche Umschreibung für Situationen, in denen man nicht *merde*! sagen möchte, also ungefähr so wie »Mist!«. Wir Franzosen haben auch noch mehr der höflichen Flüche im Repertoire: *Mince, flûte* oder *crottes. Zut!,* sagen ältere Damen, wie meine Tante Madeleine, wenn ihnen etwas heruntergefallen ist. Einmal stand *tante* Madeleine in der kleinen Küche ihrer Pariser Wohnung und blickte gedankenverloren aus dem Fenster. Gegenüber, in einem Meer von grauen Dächern, waren Wohnungen, die den Blick frei gaben auf das allabendliche Geschehen. Sie buk *macarons,* in Erwartung einiger ihrer Freundinnen zum 5-Uhr-Tee. Zucker, Butter, Mehl, Mandeln. Vertieft in ihre Gedanken und Beobachtungen, rührte sie und rührte und vergaß einige Zutaten. Das Ergebnis: eigenartige bunte Fladen, die des Namens *macarons* nicht würdig waren. *Zut, zut et zut!,* fluchte sie. Es wurden ihre beliebten *biscuits à la zut,* die wir uns als Kinder immer wieder von ihr wünschten.

*Zut*: Die Interjektion meint Aufregung, Ärgernis, Gereiztheit, Genervtsein, Ungeduld, Verweigerung. Es gibt auch noch eine Alltagsphilosophie, den *Zutisme,* die darin besteht, Nein und Mist zu allem zu sagen und sich zu verweigern. Sie ist nach einer Poetengruppe aus dem späten 19. Jahrhundert be-

nannt, die andere Poetengruppen karikierte. Üblich ist es auch, etwas trotzig *Zut*! am Ende einer Diskussion zu sagen, um diese zu beenden: *Zut alors*!

# DANK

Ein Buch hat viele Mitgestalter. Ich danke meiner Lektorin Gesine Dammel, meiner Agentin Beate Riess und meiner Illustratorin Isabel Pin für die wunderbare Zusammenarbeit. Für die Inspiration danke ich meiner Familie und den vielen Freunden und Bekannten, die zu diesem Buch beigetragen haben. Und ein Dank geht an meine beiden Kinder dafür, dass es sie gibt.

**MURIELLE ROUSSEAU,**

geboren 1966, ist in Paris aufgewachsen. Nach dem Studium der Romanistik und Germanistik Stationen bei verschiedenen Verlagen. Heute ist sie Inhaberin einer Agentur für Pressearbeit. Sie veröffentlichte literarische Kochbücher zur französischen Küche, die mehrfach ausgezeichnet wurden, und gehört zum Team der TV-Köche der ARD. Murielle Rousseau ist Mutter zweier Kinder und lebt mit ihrer Familie in Freiburg.

**ISABEL PIN,**

geboren 1975 in Versailles, ist Kinderbuchillustratorin und -autorin. Ihr Werk wurde im In- und Ausland vielfach ausgestellt und ausgezeichnet, sie war als Dozentin für Illustration an verschiedenen Hochschulen tätig, und ihre Bücher sind in über zwanzig Ländern erschienen. Sie lebt mit ihren beiden Kindern in Berlin.

# INHALT

## A



## B

## C



## D